POLYGLOTT on tour

Ortrun Egelkraut

Mexiko

 Top 12   Restaurant

 besonderer Tipp   Unterkunft

 Warnung   Nightlife

 Info   Shopping

 Hinweis   Literatur

POLYGLOTT-Top 12 Umschlagklappe vorne

Specials
Archäologische Enthüllungen	Seite 6
Farbenpracht und Fantasie	Seite 8
Entdeckerrouten durch Mexiko	Seite 10

Allgemeines

Auf der Schwelle zur Ersten Welt   Seite 12
Land und Landschaft · Klima und Reisezeit · Natur und Umwelt · Ecoturismo · Bevölkerung und Soziales · Religion und Brauchtum · Sprache und Bildung · Politik · Wirtschaft

Geschichte im Überblick   Seite 20

Kultur gestern und heute   Seite 21
Die vorspanischen Kulturen · Die koloniale Zeit · 19. Jahrhundert · 20. Jahrhundert · Volksmusik und Tanz · Literatur · Film

Essen und Trinken   Seite 32
Schärfe ist nicht alles · Getränke

Unterkunft   Seite 33

Reisewege und Verkehrsmittel   Seite 34
Flugzeug · Autobusse · Eisenbahn · Auto – Mietwagen

Infos von A–Z   Seite 100

Mini-Dolmetscher   Seite 102

Register   Seite 104

Das System der POLYGLOTT-Sterne   Umschlagklappe vorne

Mexiko im Internet   Umschlagklappe hinten

Stadtbeschreibung

Mexiko-Stadt – Faszination auf den zweiten Blick   Seite 36

Spaziergänge durch die Jahrtausende in der 20-Millionen-Stadt, durch aztekische Ruinen, Paläste kolonialen Gepräges, Märkte und Museen einer lebendigen zeitgenössischen Kunstszene, wobei die Unterhaltung niemals zu kurz kommt.

Touren

Tour 1 — **Mexikos Vielfalt im Brennglas** — Seite 48

Tula – Teotihuacan – Puebla – Cuernavaca – Taxco – Toluca: Eine Rundfahrt zu vorspanischen und kolonialen Orten vor der Kulisse majestätischer Vulkane.

Tour 2 — **Auf der Straße der Unabhängigkeit** — Seite 59

Querétaro – San Miguel de Allende – Guanajuato – Guadalajara – Aguascalientes – San Luis Potosí: Auf historischen Pfaden in malerischen Städten.

Tour 3 — **Abenteuer »Kupferschlucht«** — Seite 69

Mit dem Zug von den Tropen am Pazifik durch die wilden Schluchten der Sierra Madre Occidental in das herbe, heiße Hochland um Chihuahua.

Tour 4 — **Baja California – das andere Mexiko** — Seite 70

Badeparadies im Süden, karge Gebirge und Wüste, Kakteenwälder und Palmenoasen.

Tour 5 — **Die Golfküste** — Seite 75

Jalapa – Veracruz – El Tajín – Villahermosa: An der Golfküste steht die Wiege der ältesten Kulturen, und die Moderne tanzt im Takt der Petrodollars.

Tour 6

Das südliche Bergland — Seite 77

Oaxaca – San Cristóbal de las Casas – Palenque: Erneut hochkarätige Kunst, aber zugleich unzählige indianische Orte mit faszinierenden Märkten.

Tour 7

Maya-Welt Yucatán — Seite 87

Campeche – Uxmal – Mérida – Chichén Itzá – Tulum und die Badeorte der Karibik. Yucatán bietet die ideale Kombination von Kultur- und Strandurlaub.

Lebhafte Badeorte am Stillen Ozean — Seite 96

Mazatlán – Puerto Vallarta – Manzanillo – Ixtapa/Zihuatanejo – Acapulco – Puerto Escondido – Huatulco.

In den farbenprächtigen Festgewändern mischen sich indianische und kolonialspanische Traditionen

Bildnachweis

Alle Fotos via/Andreas M. Gross außer Ortrun Egelkraut: 35, 59, 62; Rainer Hackenberg: 95; Volkmar Janicke: 60; laif/Miquel Gonzalez: 9, 71; laif/Tophoven: 91; Sabine von Loeffelholz: 83; Ulf Müller-Moewes: 14, 19, 23, 63, 74-2, 79-1, 84, 85; Umschlagrückseite (oben); Martin Siepmann: 11; Xcaret: 96, 97-1, Titelbild: LOOK/Konrad Wothe.

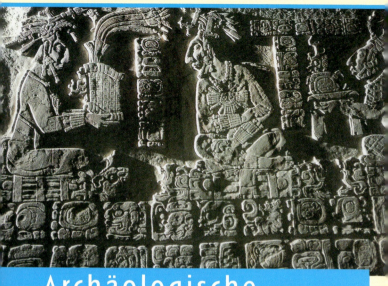

Archäologische Enthüllungen

Ob in der Landwirtschaft oder beim U-Bahnbau: Wo immer jemand in Mexiko den Spaten ansetzt, kommen uralte Hinterlassenschaften zum Vorschein. Seit den 1990er Jahren gibt es auch gezielte Grabungskampagnen. Viele Kapitel der vorspanischen Geschichte werden seither neu geschrieben.

⭐ Das moderne **Museo del Sitio** von Palenque zeigt eine Nachbildung des Grabes von Pakal und jüngste Funde, u. a. die Thronfragmente aus Tempel XIX (Di–So 9–17 Uhr).

Füllhorn Palenque

1952 entdeckte man unter einer Pyramide eine Grabstätte mit einem Skelett, umgeben von Jadeschmuck und anderen Grabbeigaben: der legendäre Herrscher Pakal. Weitere Sensationen folgten:
1993–1998 Über 100 Tonurnen kommen ans Licht: Die zylinderförmigen Gefäße zeigen fein gearbeitete Gesichter, umgeben von fratzenhaften Göttern, Tieren und Dämonen.
1994 Im Tempel XIII wird ein mit Zinnober bestäubtes Skelett entdeckt – die »Rote Königin«.
1999–2003 Die Tempel XIX–XXII geben nacheinander eine Thronplattform mit Glyphen, eine Grabkammer mit Wandmalereien, ein prächtiges Stuckrelief und einen Altar mit Reliefs herrschaftlicher Personen frei. Sensationell ist der Fund eines unversehrten Grabes, das vermutlich die Überreste eines Königs aus dem 6. Jh. enthält.

📖 Nikolai Grube: **Maya. Gottkönige im Regenwald.** Köln, Könemann in der Tandem Verlags-GmbH, 2006. Nikolai Grube, Maria Gaida: **Die Maya. Schrift und Kunst.** Staatliche Museen zu Berlin/Dumont, 2006.

Special **Neuere Ausgrabungen**

Neu entdeckt: Ek Balam

1997 standen in Ek Balam ein paar niedrige Pyramiden an einem Platz, der auf drei Seiten von dicht bewachsenen Hügeln eingerahmt wird. Einheimische behaupteten, darunter verbergen sich gewaltige Paläste. Archäologen säuberten, sortierten und nummerierten Steine.

1998 erhob sich am Eingang bereits ein wuchtiger Maya-Bogen, errichtet aus einem Haufen nummerierter Steine.

1999 wurde der größte der Hügel, 30 m hoch, von der Vegetation befreit. Am Fuß nahm der Hügel das Aussehen einer Hausfassade an. Treppen waren erkennbar.

2000: Ein gigantischer Palast, 150 m lang, in strahlendem Weiß, empfängt die Besucher. Die steile Treppe in der Mitte dieser Akropolis ist gesäumt von Stuckmasken. Auf einer Terrasse in halber Höhe dann die Sensation: eine riesige Stuckfassade, verziert mit Ornamenten und rundplastischen Figuren. Und das Größte: Sie war genau so, nahezu unzerstört, hinter einer Schutzwand gefunden worden. Seither werden die Restaurierungsarbeiten fortgesetzt. Zu den herausragenden Funden gehören Wandgemälde.

★ **Ek Balam** darf auf keiner archäologischen Tour durch Yucatán mehr fehlen. Es liegt auf halber Strecke zwischen Mérida und Cancún und rund 14 km nördlich von Valladolid (ausgeschildert). Die Palastanlage ist tgl. 9–17 Uhr zugänglich. Übernachten kann man in Valladolid.

Teotihuacan

Eine der größten Stadtanlagen Mexikos aus klassischer Zeit (100–700 n. Chr.), deren massive Bauten schon die Azteken beeindruckten (s. S. 49).
1999 Unter der Mondpyramide wird das Grab eines Herrschers entdeckt. Bis 2002 folgen vier weitere Fundstellen mit Skeletten offensichtlich geopferter Menschen und mit reichen Opfergaben.
2000 Nahe der Mondpyramide wird ein zweites Museum zur Wandmalerei Teotihuacans eröffnet.

★ Ein Muss für jeden Mexiko-Besucher, der einen Überblick über die alten Kulturen erhalten möchte: das **Anthropologische Museum** in Mexiko-Stadt (s. S. 42), Di–So 9–19 Uhr.

Einen Umweg wert sind auch:

▎ **Cacaxtla,** mit großartigen Wandmalereien, nahe Tlaxcala (s. S. 49). Ein riesiges Schlachtengemälde lässt eine Verbindung mit Bonampak vermuten.

▎ **Cantona,** abseits der Strecke von Puebla nach Xalapa (s. S. 52). Die große, gepflegte Stadt mit Patios, Terrassen und Wegen auf verschiedenen Ebenen besitzt über 20 Ballspielplätze.

▎ **Calakmul,** 60 km südlich der Strecke Francisco Escárcega – Chetumal: Die Grabungen in einer der bedeutendsten Maya-Städte der Klassik gehen voran. Übernachtung an der Zufahrt oder in Xpuhil.

Entdeckungen der jüngsten Zeit:

▎ In **Iztapalapa** im Südosten von Mexiko-Stadt wird unter dem Cerro de la Estrella eine Pyramide aus der Zeit von 400 bis 500 n. Chr. entdeckt.

▎ Felsbilder in **Guerrero** und eine Stele in **San Luis Potosí** (Tamtok) bestätigen Theorien über die gewaltige Ausdehnung des olmekischen Einflusses.

▎ **Chichen Viejo,** das »alte« Chichén Itzá, ist nach jahrelanger Erforschung und Restaurierung nun auf Pferdetouren (organisiert vom Hotel Mayaland) zu entdecken.

Farbenpracht und Fantasie

⭐ Packen Sie für die Reise nach Mexiko den Koffer nicht bis oben hin voll. Sie brauchen den Platz auf der Rückreise für all die schönen Mitbringsel.

⚡ Achtung: Lassen Sie sich bei aller Begeisterung über die schönen Dinge auf den Märkten nicht allzu sehr ablenken: Gerade im Gedränge sind trickreiche Taschendiebe am Werk, zumeist sehr erfolgreich. Wertsachen daher am besten im Hotel-Safe deponieren.

Es muss ja nicht der breitkrempige Sombrero sein, der nach allseitiger Bewunderung durch Nachbarn und Freunde zu Hause ohnehin nur noch als sperriger Staubfänger dient. Das Angebot an hübschen oder skurrilen, originellen oder nützlichen Souvenirs ist in kaum einem anderen Land so vielfältig wie in Mexiko. Die größte Auswahl findet man auf lokalen Märkten.

Wollpüppchen in Chiapas

Seit 1994 haben die Wollpüppchen mit Skimaske in **San Cristóbal** Konjunktur. Mit den liebevollen Nachahmungen der aufständischen Zapatisten haben sich die Frauen auf dem Artesanía-Markt vor der Kirche Santo Domingo eine neue Einnahmequelle erschlossen – neben den traditionellen Webarbeiten. Die Nachfrage bestimmt aber auch hier das Angebot: Gebrauchsfähige Tischtücher und Platzsets verdrängen großformatige und schwere Decken.

▌ Der Artesanía-Markt ist täglich geöffnet, von morgens bis zum Einbruch der Dunkelheit.

Special Märkte

Märkte in und um Oaxaca

Tradition im Wandel der Zeiten und Moden findet man bei den Teppichen von **Teotitlán del Valle** nahe Oaxaca. Hier hat sich ein ganzes Dorf auf deren Herstellung spezialisiert. Lange Zeit waren Picasso und Miró besonders gefragt, seit Kurzem prangen daneben farbintensive Bildmotive von Diego Rivera. Von klassischer Schönheit: Mäander-Motive, inspiriert durch den Architekturschmuck von Mitla.

Echt oder nicht echt: Bei den geschmackvoll aufgefädelten Ketten aus bunten Steinen, die Indígena-Frauen in **Oaxaca** und da vor allem an der Ausgrabungsstätte **Monte Albán** anbieten, sollte dies nicht die wichtigste Frage sein. Doch probieren Sie, ob der Verschluss auch wirklich hält, sonst kann es passieren, dass Sie nicht lange Freude an dem hübschen und preiswerten Modeschmuck haben.

Im Tal von Oaxaca ist an jedem Tag in einem anderen Dorf Markt. Artesanía wird überall angeboten, die schönsten Stücke findet man auf dem Sonntagsmarkt von **Tlacolula** (s. S. 82) entlang der Hauptstraße. Dort gibt es herrliche *alebrijes* (geschnitzte Fantasiewesen), bunt bemalte Teller, geflochtene Körbe, Teppiche …

⭐ Den Teppichmachern von Teotitlán del Valle kann man bei der Arbeit zusehen, am besten vormittags. Anreise: 2.-Klasse Bus von Oaxaca direkt oder Richtung Mitla, dann am Abzweig Teotitlán aussteigen und weiter mit Colectivo oder Taxi.

Theorie und Praxis in Puebla

Pueblas Souvenirmarkt ist **El Parián**. Dicht gedrängt finden sich an den Ständen die buntesten, fröhlichsten, kitschigsten und fantasievollsten Dinge, von regionaler Keramik und Alabasterarbeiten über Glasperlen und Spielzeug bis zu Flecht-, Stick-und Webarbeiten.

Was ist original, was typisch für die Region? Ein Gang durch das **Museo de Arte Popular Poblano** im Ex-Convento Santa Rosa (auch: Museo de Santa Rosa) gibt Auskunft und macht mit der grandiosen Vielfalt vertraut.

▍**Museo de Arte Popular Poblano,** Puebla, Av. 14 Poniente No. 305/3 Norte, Di–So 10–17 Uhr; nur mit Führung (Spanisch, nach Englisch fragen); Sa Eintritt frei.

Noch mehr Märkte

Der Bundesstaat Michoacán ist ebenso reich an Kunsthandwerk wie Oaxaca. Fündig wird man vorwiegend auf den Märkten von **Morelia, Pátzcuaro, Quiroga** und **Tzintzúntzan**. Auch hier der Tipp: Zuvor das **Museo Regional de Artes Populares** in Pátzcuaro besuchen (s. S. 64).

❗ Handeln ist auf Märkten üblich. Überlegen Sie sich vorher, wie viel Sie bereit sind zu zahlen und handeln Sie nicht weiter, wenn Sie erkennen, dass Sie Ihr Ziel nicht erreichen: Beim »last price« Nein zu sagen, gilt als höchst unhöflich.

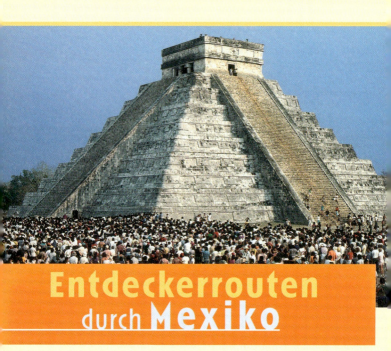

Entdeckerrouten durch Mexiko

⭐ Zapata und Frida Kahlo

Die Cortés-Route hat Marlene Ehrenberg entworfen, die noch weitere ungewöhnliche Touren anbieten kann: u. a. auf den Spuren von Emiliano Zapata durch **Morelos** oder eine Trekkingtour zu den **Felsmalereien** in **Baja California**. Besonders populär ist eine Rundreise auf den Spuren von **Frida Kahlo** und **Diego Rivera**.
❙ **Marlene Ehrenberg,** México D.F., Tel./Fax 55 50 90 80, www.marlene-ehrenberg.com.mx. Frau Ehrenberg spricht perfekt Deutsch.

Der Eroberer Hernán Cortés ging bei Veracruz an Land und zog über die Sierra Madre Oriental nach México-Tenochtitlan. Drei Monate brauchte er dafür, schließlich hatte er unterwegs kriegerische Auseinandersetzungen zu führen. Heutige Reisende können auf **Ruta de Cortés** bequem mit Bus oder Mietwagen den Spuren des Eroberers folgen. Mehr zu sehen bekommen sie außerdem: vieles, was zu Cortés-Zeiten noch nicht »entdeckt« war oder was die Spanier erst später geschaffen haben. Dazu gehören neben der lebhaften Hafenstadt **Veracruz** das schmucke Städtchen **Jalapa** mit seinem faszinierenden archäologischen Museum, die prächtige Kolonialstadt **Puebla** und die idyllische Kleinstadt **Tlaxcala**. Archäologische Zonen am Weg sind **Zempoala, Cantona, Cholula, Cacaxtla** mit herrlichen Wandgemälden, und Teotihuacan, der »Ort, an dem man zum Gott wird.«
❙ Naturabenteuer und Einblicke in die Mayakultur verbinden die Touren von **Ecoturismo Yucatan,** Mérida, Tel. (999) 9 20 27 72, Fax 9 25 90 47, www.ecoyuc.com.mx
❙ Wer Mexiko per Fahrrad entdecken will, dem bietet **Solomontaña** über 30 Routen: Tel. (55) 56 78 11 51, www.ruedapormexico.com.mx

Special **Alternative Touren**

Licht-Spiele der Ureinwohner

Für Momente sieht es so aus, als winde sich in der untergehenden Sonne tatsächlich eine Schlange die Stufen der Kukulcán-Pyramide hinab: Das Phänomen in Chichén Itzá, zweimal im Jahr zu erleben (21. März und 22. September), ist seit langem bekannt. Inzwischen haben Archäologen und Astronomen herausgefunden, dass die präspanischen Völker ihre Pyramiden, Zeremonialbauten, ja ganze Städte nach dem Verlauf der Sonne oder anderer Himmelskörper ausrichteten, um so eine Harmonie zwischen der Götterwelt und den Menschen herzustellen. Das führt an bestimmten Tagen im Jahr zu ähnlichen Effekten. Schauplätze sind u. a. Malinalco, Xochicalco, Dzibilchaltún, Edzná und Teotihuacan.

Feuerwerk der Schmetterlinge

In 3200 m Höhe geht der Atem zunehmend schneller, nur noch ein kleiner steiler Anstieg und dann – ein Wunder der Natur: Millionen von Monarch-Schmetterlingen hängen dicht an dicht wie zarte, goldene Blüten an den Nadelbäumen, deren Äste sich unter dieser Last biegen. Plötzlich: ein Sonnenstrahl. Ein eigenartiges Surren geht durch den Wald, die vor Kälte erstarrten Schmetterlinge flattern auf und wirbeln durch die Luft – ein wahres Feuerwerk.

In den Bergen im Bundesstaat Michoacán befinden sich mehrere Schutzgebiete, in denen die Monarch-Schmetterlinge zwischen November und März überwintern. Am besten zugänglich ist das Santuario de la Mariposa Monarca El Rosario bei Angangueo (Anreise: Autopista Toluca – Morelia, Ausfahrt Maravatio).

★ In Mexikos »Unbekannte Welten« führt der in Berlin ansässige Reiseveranstalter **Latin America World,** der über ein Dutzend verschiedene Routen durch das Land im Programm hat. Sie reichen vom Winterquartier der Monarchfalter über die Barranca del Cobre und Baja California bis zur Selva Maya. Den Schwerpunkt bilden öko-archäologische Erlebnisreisen und die Begegnung mit Nachfahren der Maya, Zapoteken oder Mixteken. Beim Besuch archäologischer Stätten wie Xochicalco, Teotihuacan, Chichen Itzá, Dzibilchaltún, Kohunlich u.a. sind auch die jeweiligen archäo-astronomischen Phänomene eine Thema.

▌ **Latin America World,** Postfach 15 08 75, 10670 Berlin, Tel. (030) 88 71 39 84, www.latin-america-world.com

Auf der Schwelle zur Ersten Welt

»Armes Mexiko. So fern von Gott und so nah an den Vereinigten Staaten.« Treffend umschreiben die Worte des Diktators Porfirio Díaz das gespannte Verhältnis zum großen Nachbarn, und daran hat sich bis heute wenig geändert. Die ca. 3200 km lange Grenze zu den USA im Norden, die weitgehend dem Río Bravo (amerik. Rio Grande) folgt, hat für Mexiko von jeher historische, politische und soziale Bedeutung. Die USA wollen die befestigten Grenzanlagen von bisher rund 110 km auf über 1100 km ausbauen. Jährlich gelingt es Tausenden von Mexikanern, sie zu überwinden – in der Hoffnung, auf der anderen Seite Arbeit zu finden, die es in Mexiko immer weniger gibt.

Land und Landschaft

Mexiko ist nach Brasilien und Argentinien das drittgrößte Land Lateinamerikas und knapp sechsmal so groß wie Deutschland. Östlich des Isthmus von Tehuantepec – mit 200 km die schmalste Stelle des Landes zwischen Atlantik und Pazifik – beginnt geografisch Mittelamerika, während das übrige Staatsgebiet zum nordamerikanischen Kontinent gehört.

Rund 10 000 km Küste hat Mexiko. Die Karibik zeichnet sich durch lange, feinsandige Strände aus; am Pazifik wechseln Steilküsten mit einsamen Buchten und modernen Badeorten. Eine fruchtbare Lagunenlandschaft säumt den Golf. Hinter den schmalen Küstenstreifen an Pazifik und Golf ragen zerklüftete Bergketten auf; im Westen die Sierra Madre Occidental und an der Ostküste die Sierra Madre

Reger Warenaustausch

Was hierzulande im Blumentopf gezogen wird, entfaltet sich in Mexiko wild zu üppiger Blüte: Weihnachtssterne, Hibiskus, Bougainvillea, Palisander, Orchideen, Agaven. Doch weniger Zier- als Nutzpflanzen brachten das Land in der Alten Welt ins Gespräch. 2000 in Spanien unbekannte Pflanzen mit medizinischen Eigenschaften registrierte ein Forscher im 16. Jh. Aus vorspanischer Zeit kennt man mehr als 80 Anbaupflanzen, unter denen die wichtigsten Mais, Bohnen, Chili und Kürbis waren – und bis heute sind. Azteken und Maya kultivierten Avocados, Tomaten, Vanille, Erdnüsse, Baumwolle und Tabak. Mexiko ist nicht zuletzt die Heimat tropischer Früchte wie Papaya, Ananas, Chirimoya, Sapote. Aus Bohnen des Kakaobaumes wurde ein Getränk für die Herrschenden zubereitet, das die Azteken *chocolatl* nannten; Kakaobohnen waren außerdem Zahlungsmittel. Haustiere wie Schwein, Rind, Huhn und Schaf bereicherten erst nach Ankunft der Spanier den Speisezettel; bis dahin hatten sich die Indianer mit Truthahn, Wild und *escuintle,* einer Hundeart, als Fleischbeilage begnügt. Die Europäer erkannten die guten klimatischen Bedingungen für Zitrusfrüchte und Zuckerrohr, Bananen und Mangos. Der in Mexikos Küche so wichtige Koriander *(cilantro)* stammt ebenso wie der Kaffeestrauch (Anbau seit dem 19. Jh.) aus der Alten Welt.

Oriental, die das Land von Nord nach Süd durchziehen. Zwischen den bis 3000 m hohen Gebirgen breitet sich ein Hochland aus, das kaum kleiner ist als Deutschland. Der Vulkangürtel der Sierra Volcánica Transversal grenzt es gegen das Bergland von Oaxaca und Chiapas ab. Popocatépetl (5500 m) und Iztaccíhuatl (5220 m) sind die bekanntesten Vulkane; der Pico de Orizaba überragt mit 5610 m alle Gipfel. Flache Kalksteinschichten bilden den Untergrund der Halbinsel Yucatán.

Klima und Reisezeit

Mexiko hat das ganze Jahr über Saison, sogar während der Regenzeit zwischen Mai und Oktober. Dann gehen kurze kräftige Schauer meist am späten Nachmittag nieder. Groß sind die regionalen Unterschiede; so fallen in Chiapas und Tabasco in allen Monaten reichlich Niederschläge, während es im Norden selten regnet. Baja California Norte hat ein den Mittelmeerländern ähnliches Winterregenklima. Zusätzlich werden drei Klimazonen nach ihrer Höhenlage unterschieden: *tierra caliente* (heiße Zone von Meeresniveau bis 700 m, Jahresmittel über 25 °C), *tierra templada* (gemäßigte Zone, bis 1700 m, 18 bis 25 °C), *tierra fría* (kalte Zone, oberhalb 1700 m, 16,5 °C).

Für Reisende sind Unterschiede von bis zu 20 °C zwischen Tag und Nacht von Bedeutung, d. h. warme Kleidung darf bei Rundreisen nicht fehlen.

Natur und Umwelt

Die Vegetation Mexikos gehört zu den artenreichsten der Welt. Bekannt sind allein 300 Kakteenarten, die in den ausgedehnten Wüstenregionen im

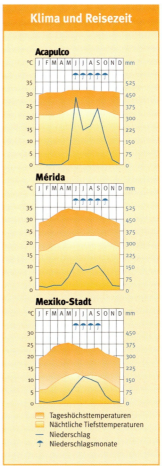

Praktisches Maislager: ein Kaktus

Norden und auf der Halbinsel Baja California dominieren.

Kiefern und Eichenwälder überziehen die Gebirgshänge, Bambus, Mangroven und Palmen gedeihen in den tropischen Küstenregionen, Edelhölzer und Farne im Regenwald. Gemessen am Angebot auf den Märkten erscheint Mexiko als reiches Agrarland. Dennoch ist nicht einmal die Hälfte der Landesfläche nutzbar. Erosion infolge von Abholzung und Überweidung hat riesige Agrarflächen zerstört.

Ecoturismo

Der Ökotourismus wendet sich an Reisende, die unberührte Natur erleben wollen. Die Zahl der Nationalparks, Biosphärenreservate, *Zonas Protegídas* und privaten Reservas wächst ständig (ca. 10 % der Landesfläche).

Ein Zuhause für Wasservögel, Reptilien und Meerestiere (850 Arten) ist das Cortés-Meer mit seinen Inseln. Meeresschildkröten kommen u. a. an der Küste von Oaxaca zum Eierlegen an Land. In den über 3000 m hoch gelegenen Kiefernwäldern von Michoacán überwintern Millionen von Monarchfaltern aus Kanada (s. S. 11, 63), während sich Tausende Wasservögel aus den USA und Kanada bei Celestún und Río Lagartos auf der Halbinsel Yucatán ein Winterplätzchen suchen.

Die letzten Exemplare des Quetzal-Vogels, dessen Federn den Maya und Azteken heilig waren, leben noch im schwer zugänglichen Nebelwald El Triunfo im Süden von Chiapas.

Tropenwald, Lagunen und Korallenriffe vereint das Biosphärenreservat Sian Ka'an (Yuc.), das von der UNESCO ebenso zum Welterbe ernannt wurde wie das Reservat El Vizcaíno (B. Calif.). Dort gebären zwischen Januar und März Grauwale aus dem Nordmeer ihre Jungen (s. S. 74). Ebenfalls unter UNESCO-Schutz stehen die Biosphärenreservate Banco Chinchorro (Yuc.) und Sierra La Laguna (B. Calif.).

2004 erwarb die Regierung mit Hilfe privater Organisationen auf der Halbinsel Yucatán 150 000 ha Land, das dem Calakmul-Biosphärenreservat zugeschlagen werden soll. Die Calakmul-Biosphäre wird ebenfalls von der UNESCO als größter zusammenhängender Regenwald außerhalb von Amazonien geschützt.

> **i** Info zu Ecoturismo und Veranstaltern bei: **Amtave,** Mariposa 1012–A, Col. Gral. Anaya, C. P. 03340, México D.F., Tel. 01-800-6 54 44 52, (55) 56 88 38 83, www.amtave.org

Trotz Anstrengungen zum Schutz der Natur hat Mexiko gewaltige Umweltprobleme, die am deutlichsten in der Hauptstadt spürbar werden. Rund 160 000 Industrieansiedlungen im Hochtal und etwa 4 Mio. Autos vernebeln die Sicht und sind der Grund wachsender Atemwegserkrankungen.

Auf Drängen von Umweltschützern wurden Fabriken geschlossen, werden

Genehmigungen für neue nur unter strengen Auflagen erteilt. Ältere Fahrzeuge unterliegen Beschränkungen. Im Rahmen von NAFTA (s. S. 19) wurden zwischen Mexiko, USA und Kanada auch Umweltschutzabkommen getroffen. Die Wasserverschmutzung hat seither jedoch eher zugenommen.

Bevölkerung und Soziales

Mexiko wurde 1994 in den Klub der reichen Länder (OECD) aufgenommen. Die Gesellschaft ist jedoch geprägt von gravierenden sozialen Unterschieden. In der Rangliste von Ländern mit »superreichen« Familien nimmt Mexiko einen der vorderen Plätze ein. Zugleich leben rund 60 % der Bevölkerung in Armut, 27 % sogar unterhalb der Armutsgrenze.

Ethnologen unterscheiden unter den **Indianern** (indígenas) 62 ethnische Gruppen nach kulturellen Merkmalen; die meisten haben ihre eigene Sprache. Die der Zahl nach größte Gruppe sind die Nahúa in Zentralmexiko (ca. 1,5 Mio.) und die Nachfahren der Maya in Chiapas, Tabasco und Oaxaca, Purépecha in Michoacán oder Totonaken in Veracruz. 67 % der Landbevölkerung leben in extremer Armut, d. h. 15 % aller Mexikaner. *Tortillas* und *frijoles* sind oft die einzige Nahrung. Vielen Indígenagemeinden fehlt der Anschluss an die Kanalisation; sie haben weder Elektrizität noch sauberes Trinkwasser. Es mangelt an Telefon- und Straßenverbindungen. Die ärztliche Versorgung ist minimal. Zur Verbesserung der Situation wurden wiederholt »Solidaritätsprogramme« aufgelegt. Mit zweckgebundenen Geldern sollen Schulen errichtet oder Straßen befestigt werden. Doch blieb so mancher gute Ansatz der Zentralregierung im Netz der Korruption hängen.

Indígenas heute

Mexiko ist stolz auf sein indianisches Erbe, auf die Kunstwerke der Hochkulturen, die an erster Stelle der touristischen Attraktionen stehen. Die Nachfahren der präspanischen Völker wurden indes von der Entwicklung weitgehend vergessen. Der Aufstand in Chiapas Anfang 1994 hat die Missstände radikal ins Bewusstsein gerückt.

Während Mexikos Regierung in den letzten Jahren zielstrebig den Übergang vom Schwellenland in die »Erste Welt« vorbereitete, hat sich für die Landbevölkerung seit dem Ende der Revolution wenig geändert. Im Namen des Revolutionshelden Zapata forderte das Zapatistische Nationale Befreiungsheer (EZLN) in Chiapas, wie 1911, »*tierra y libertad*«, Land und Freiheit, Bildung und bessere ärztliche Versorgung.

Betroffen von schlechten Lebensbedingungen sind Indígenas auch in anderen Regionen – Tarahumara im Norden, Zapoteken im Staat Oaxaca, Purépecha in Michoacán oder Totonaken in Veracruz. 67 % der Landbevölkerung leben in extremer Armut, d. h. 15 % aller Mexikaner. *Tortillas* und *frijoles* sind oft die einzige Nahrung. Vielen Indígenagemeinden fehlt der Anschluss an die Kanalisation; sie haben weder Elektrizität noch sauberes Trinkwasser. Es mangelt an Telefon- und Straßenverbindungen. Die ärztliche Versorgung ist minimal. Zur Verbesserung der Situation wurden wiederholt »Solidaritätsprogramme« aufgelegt. Mit zweckgebundenen Geldern sollen Schulen errichtet oder Straßen befestigt werden. Doch blieb so mancher gute Ansatz der Zentralregierung im Netz der Korruption hängen.

Das neueste Projekt der Regierung ist der »Plan Puebla–Panama«: Durch Ausbau der Infrastruktur soll der Wirtschaftsraum Mittelamerika für Investoren interessant werden. Die Indígenas werden vermutlich aus ihrem Lebensraum verdrängt.

In Südmexiko leben noch heute Maya

auf Yucatán (800 000). Weitere große Indígenagruppen sind Zapoteken, Mixteken, Tzotzil, Tzeltal und Otomí.

Mehr als 40 % der rund 103 Mio. Mexikaner sind unter 20 Jahre alt. Das Bevölkerungswachstum liegt bei 1,2 %. Weil die Arbeitsplätze auf dem Land knapp sind, drängen die Menschen in die Städte, wo drei Viertel der Bevölkerung leben. Offiziell liegt die Arbeitslosenrate bei 3,7 %. Nicht registriert wird jedoch das Heer von Gelegenheitsarbeitern: Schätzungen dafür sprechen von 40 bis 55 % der 35 Mio. Erwerbstätigen.

Religion und Brauchtum

Schon Ende des 16. Jhs. hatten die Missionare den größten Teil der Indígenas zum Katholizismus bekehrt, doch haben diese ihre eigenen Glaubensvorstellungen nie ganz aufgegeben. Ganz selbstverständlich finden sich vorspanische Riten neben christlichen Gebeten, werden in katholischen Heiligen die alten Gottheiten verehrt.

Obwohl die katholischen Lehren das Leben vieler Mexikaner bestimmen (z. B. Verbot der Geburtenkontrolle), hatte die Kirche offiziell mehr als 130 Jahre lang keinen Einfluss. Die 1857 verkündete Trennung von Kirche und Staat wurde in der Verfassung von 1917 verankert. Grundbesitz war der Kirche verboten. Erst 1992 hob die Regierung die antiklerikalen Gesetze auf, die Kirche wurde als Rechtspersönlichkeit anerkannt. Kirchenvertretern ist es nunmehr gestattet, bei Wahlen ihre Stimme abzugeben oder Schulen offiziell zu betreiben. Doch die Politik bleibt für die Kirche tabu.

Seit einigen Jahren gelingt es protestantischen Sekten, die das wahre Leben im Jenseits versprechen, zunehmend Anhänger zu gewinnen, gerade in armen indianischen Regionen wie Chiapas. Dies führt zu zermürbenden Auseinandersetzungen in den Dorfgemeinschaften; Tausende von Andersgläubigen wurden ausgestoßen.

Dorffeste sind meist katholischen Schutzheiligen gewidmet, wobei die Vermischung von christlichen und vorspanischen Traditionen längst stattgefunden hat. Das bedeutendste katholische Fest ist der Tag der Jungfrau von Guadalupe am 12. Dezember in Mexiko-Stadt. Zehntausende pilgern aus allen Teilen des Landes in die Hauptstadt; viele legen die letzten Meter bis zur Basílica de Guadalupe auf Knien zurück. Und während drinnen Messen gelesen werden, tanzen auf dem Vorplatz Indígenas zu Ehren der Muttergottes. Ihre Kostüme sind der Kleidung der Azteken nachempfunden.

Dass beinahe jedes Dorf eine eigene farbenprächtige **Tracht** hat, geht zurück auf die Kolonialherren, die »ihren Indios« ein Erkennungszeichen verordneten. Die Indígenas machten aus dieser Pflicht eine eigene Kunst und weben oder sticken noch immer uralte Muster in ihre *huipiles* (Blusen). Speziell die Maya orientieren sich an Vorbildern, wie sie an Bauten und bemalten Gefäßen zu finden sind.

Sprache und Bildung

Enorme Anstrengungen hat Mexiko in den letzten Jahren in der Bildungspolitik unternommen. Doch was nützen kostenlose Schulbücher, wenn die Kinder zum Familienunterhalt beitragen müssen, wenn die Schulwege zu weit sind oder das Geld nicht für eine Schulmahlzeit reicht, klagen die Lehrer. Laut Verfassung besteht 6 Jahre Schulpflicht. In den ländlichen Gebieten fehlt es an Lehrern, die auch eine Indígena-Sprache beherrschen. Zweisprachiger Unterricht zielt darauf, den Kindern Spanisch beizubringen (und nicht ihre eigene Sprache zu bewahren). Etwa 2 Mio. Indígenas beherrschen nur ihre Sprache, weitere 2 Mio. sprechen auch etwas Spanisch. Die Analphabetenrate wird national mit 10 % angegeben, in der indianischen Bevölkerung liegt sie bei über 40 %!

Nur etwa 1,2 Mio. Mexikaner haben die Chance auf weiterführende Bildung an rund 100 Universitäten und technischen Hochschulen des Landes. Bedeutendste Universität ist die

Día de los muertos

In Mexiko macht der Tod ein fröhliches Gesicht. Grinsende Skelette aus Papiermaché, gekleidet wie ihre menschlichen Vorbilder, sind in Geschäften, Restaurants oder Museen zu Alltagsszenen arrangiert. Die Dekoration verweist auf den Totenkult am 1. und 2. November: Allerheiligen, *día de los santos;* Allerseelen, *día de los muertos.* Altindianische Rituale und Christliches mischen sich, wenn bei diesem bedeutendsten Fest in Mexiko die Toten erwartet werden.

Wochen vorher wechselt das Angebot der Märkte: Särge mit aufspringenden Deckeln als Spielzeug, Motorrad fahrende Skelette, Totenköpfe *(calaveras)* aus Zuckerguss oder Schokolade und Ähnliches, makaber nur in europäischen Augen. In den Wohnungen werden *ofrendas* aufgebaut: Altäre mit Gaben für die Gäste aus dem Jenseits. Der Tisch ist reich gedeckt: eine Schüssel mit *mole,* der feinen Schokoladensoße, Hühnchen und Reis, Tortillas und Früchte, duftendes Totenbrot, *pan de muertos,* Bier und Tequila, Zigaretten und was das Herz des Verstorbenen im Leben sonst noch so begehrte. Alles ist liebevoll um sein Foto angeordnet. Die Toten kommen in der Nacht vom 1. auf den 2. November zu Besuch. Blumen und Kerzen weisen ihnen den Weg. Je nach Region gedenkt die Familie zu Hause den Verstorbenen oder verbringt – mit ihnen – die Nacht auf dem Friedhof. In Pátzcuaro am gleichnamigen See und in Mizquic, nahe Mexiko-Stadt, ist das Fest der Toten eine Touristenattraktion.

Schon die Azteken verehrten die Toten als Mittler zwischen Lebenden und Göttern. Mit der Skelettfigur, wie sie der Grafiker J. G. Posada (1851–1913) eingeführt hat, können seither politische und soziale Missstände angeprangert werden, denn den Toten darf man nichts übel nehmen. Heute verkleidet sich die Jugend zu Allerheiligen mit Masken nach dem Vorbild des amerikanischen Halloween.

UNAM, die Nationaluniversität in Mexiko-Stadt, mit über 300 000 eingeschriebenen Studenten.

Landes- und Amtssprache ist Spanisch, das durch indianische Lehnworte bereichert wurde. In den Touristenzentren wird Englisch verstanden; wer durch das Land reist, sollte etwas Spanisch sprechen. Dies erleichtert auch den Kontakt zu den freundlichen und hilfsbereiten Menschen.

Politik

Seit 1917 hat Mexiko eine demokratische Verfassung, doch jahrzehntelang wurde die Politik allein von den Interessengruppen bestimmt, die im PRI (Partido Revolucionario Institucional) vertreten sind. Diese größte Partei des Landes verkörperte seit 1929 gleichsam den Staat. Eine »perfekte Diktatur« nannte einmal der peruanische Schriftsteller Mario Vargas Llosa die autoritäre Einparteienherrschaft. Präsident Zedillo (1994–2000) leitete den Demokratisierungsprozess ein. Bei den Präsidentschaftswahlen im Jahr 2000 kam es zum historischen Machtwechsel. Mit Vicente Fox siegte der Kandidat der konservativen Partei Nationale Aktion (PAN), der von einem breiten Bündnis »para el cambio« getragen wurde.

Der versprochene Wechsel stellte sich jedoch für viele Mexikaner nicht ein. Während Präsident Fox zum Ende seiner sechsjährigen Regierungszeit (sexenio) betonte, dass Mexiko ein Land mit allen bürgerlichen Freiheiten bei gleichzeitiger politischer, sozialer und wirtschaftlicher Stabilität geworden sei, häuften sich im Wahljahr 2006 die Unruhen, die sich durch den Wahlausgang noch verstärkten. Der PAN-Kandidat Felipe Calderón erreichte nach offizieller Zählung 0,58 % mehr Stimmen als Andrés Manuel López Obrador von der linken PRD. Der populäre Ex-Bürgermeister von Mexiko-Stadt sah sich durch Wahlbetrug um den Sieg gebracht; er forderte eine Neuauszählung aller Stimmen (das Wahlgericht ließ 9 % nachzählen), organisierte den »zivilen Ungehorsam« u. a. mit Blockaden in Mexiko-Stadt und kündigte eine »Widerstandsregierung« an.

Steckbrief

- **Staatsname:** Estados Unidos Mexicanos – Vereinigte Mex. Staaten
- **Hauptstadt:** México, D.F.
- **Geografie:** 1 959 248 km² Fläche, Lage zwischen 14° und 32° nördl. Breite, 86° und 118° westl. Länge.
- **Größter See:** Lago de Chapala.
- **Staats- und Regierungsform:** 31 Bundesstaaten und Bundesdistrikt. Präsidiale bundesstaatliche Republik. Staatsoberhaupt und Regierungschef ist der Präsident (seit 5. 9. 2006: Felipe Calderón, PAN). Volksvertretung: Parlament mit Abgeordnetenkammer (500 auf 3 Jahre gewählte Mitglieder) und Senat (64 auf 6 Jahre gewählte Vertreter der Bundesstaaten).
- **Einwohner:** 2006 103 Mio.; ca. 17 % der Bevölkerung leben in Mexiko-Stadt, 34 % sind unter 15 Jahre alt. 5 % halten sich für reine Weiße, über 80 % sind Mestizen, 10 % gelten als Indígenas. 32,2 % Erwerbstätige; 10 % Analphabeten; 67 % der ländlichen Bevölkerung leben in Armut. 89 % bekennen sich zum Katholizismus.

Der äußerst knappe Wahlergebnis markiert deutlich ein gespaltenes Land: Der reiche konservative Norden steht hinter Calderón, dem wirtschaftliche Kompetenz zugesprochen wird. Der arme indianische Süden und die Hauptstadt wählten den linken Hoffnungsträger López Obrador, der einen Ausweg aus der Armut versprach. Fast gleichzeitig siegte die PRD bei den Gouverneurswahlen in Chiapas.

In diesem südlichen Bundesstaat war es 1994 zum Aufstand der Zapatisten (EZLN) gekommen, einer Gruppierung, die mehr Rechte für die Indígenas forderte und sich seit 2006 als »politische Initiative« zur neoliberalen Politik versteht.

Agavenernte

Wirtschaft

Am 1. Januar 1994 trat das Freihandelsabkommen mit den USA und Kanada (NAFTA) in Kraft, das den weltgrößten Markt mit 360 Mio. Verbrauchern schuf. Bilanz nach zehn Jahren: Allein in der mexikanischen Landwirtschaft gingen 1,3 Mio. Arbeitsplätze verloren. Im produzierenden Gewerbe entstanden dagegen, u. a. durch Auslandsinvestitionen, 500 000 neue Jobs.

Mexiko wickelt rund 89 % des Außenhandels mit seinen beiden NAFTA-Partnern ab. Auf Platz drei und vier folgen mit jeweils etwa 4 % Deutschland und Japan. Der wirtschaftliche Aufschwung, der 1996 einsetzte, kam 2001 zum Stillstand und hat erst 2006 wieder langsam angezogen. Heute ist Mexiko die zehntgrößte Volkswirtschaft der Welt und hat Brasilien als größte Wirtschaftsmacht Lateinamerikas abgelöst.

Mexiko ist traditionell ein Agrarland. Kaffee, Baumwolle, Tabak, Tomaten, Honig, Obst und Vieh führen die Liste der landwirtschaftlichen Ausfuhrgüter an. Ferner hat sich Tequila zum Exportschlager entwickelt, wie auch mexikanisches Bier weltweit Abnehmer findet. Trotz steigender Agrarproduktion müssen immer höhere Summen für Einfuhr von Getreide (insbesondere von Mais) aufgewendet werden.

Die Bodenschätze machen Mexiko zu einer reichen Nation. Neben den gigantischen Erdölreserven im Golf, in Tabasco und Chiapas (gesicherte Reserven ca. 65 Mrd. Barrel, geschätzte Vorräte 250 Mrd. Barrel) besitzt das Land gewinnträchtige Metalle und Mineralvorkommen: Silber (größte Weltförderung), Gold, Blei, Zink, Eisen, Kupfer, Zinn, Uran und Schwefel.

Das Erdöl (mit Derivaten), das ein Drittel des Exports ausmacht, wird knapp zur Hälfte an die USA verkauft. Der staatliche Erdölkonzern PEMEX ist das landesweit größte und Lateinamerikas drittgrößtes Unternehmen.

In der Industrie liegen die Schwerpunkte in der Petrochemie, in der Stahl- und Autoindustrie, Zement-, Eisenwaren- und Textilproduktion.

Der Fremdenverkehr – mehr als 20 Mio. Touristen besuchen jährlich das Land – gehört nach Erdölförderung bzw. -export und der Rücksendung von in den USA erwirtschafteten US-Dollars *(remesas)* zum Spitzentrio unter den Devisenbringern. Je nach Wirtschaftslage wechseln sich diese in der Rangfolge ab.

Geschichte im Überblick

13. August 1521 Fall von Tenochtitlan, Ende des Aztekenreiches.
1522 Cortés wird Gouverneur und Generalkapitän von Nueva España.
1523 Mit der Ankunft der ersten zwölf Franziskaner beginnt die Missionierung der Indígenas, teils durch Erziehung, teils mit Gewalt.
1535 Antonio Mendoza wird erster Vizekönig Neu-Spaniens und damit Herrscher über die spanischen Kolonien in Zentral- und Südamerika (insges. 62 Vizekönige bis 1821). Kolonisierung des Landes bis um 1600. Auf den *encomiendas,* riesigen Landgütern, müssen die Indianer Frondienste leisten. Die harte Arbeit und von Spaniern eingeschleppte Krankheiten dezimieren die Bevölkerung drastisch.
1571 Beginn der Inquisition.
1650–1805 Bodenschätze (Silber) machen Mexiko zur reichen Kolonie. Expansion nach Norden (Texas, Neu-Mexiko, Kalifornien).
1810–1823 Kampf um die Unabhängigkeit, die von Spanien erst 1836 anerkannt wird. Agustín Iturbide wird wenige Monate nach seiner Krönung zum Kaiser gestürzt.
1824 Ausrufung der Republik, Verfassung nach dem Muster der USA.
1825–1876 Bürgerkriege und Invasionen: General Santa Anna wird elfmal als Präsident wieder gewählt. Texas macht sich 1836 unabhängig und tritt 1845 den Vereinigten Staaten von Nordamerika bei. Im Krieg mit den USA (1846–1848) verliert Mexiko den Nordteil Kaliforniens, Arizona und Neu-Mexiko, d. h. fast die Hälfte seiner Fläche.
1847 Maya-Aufstand auf Yucatán gegen die herrschenden Mestizen. Dieser »Krieg der Kasten« endet erst 1902 mit der Zerschlagung des Maya-Königreichs Chan Santa Cruz.
1857 Benito Juárez, führender Kopf der Reformbewegung, verankert als Justizminister in einer liberal-föderalistischen Verfassung die Trennung von Staat und Kirche und die Enteignung des kirchlichen Besitzes.
1858–1861 Reformkrieg zwischen Liberalen und Konservativen; der gewählte Präsident Juárez muss fliehen.
1862–1867 Juárez erklärt 1862 alle Auslandszahlungen für ausgesetzt. Frankreich schickt eine Interventionsarmee, die, zunächst von den Mexikanern bei Puebla geschlagen, 1863 in die Hauptstadt einzieht. Napoleon III. verhilft Maximilian von Habsburg auf den mexikanischen Kaiserthron. Im folgenden Bürgerkrieg wird Maximilian 1867 in Querétaro erschossen.
1877–1911 Porfirio Díaz regiert mit diktatorischen Vollmachten. Er leitet die Modernisierung Mexikos ein, begünstigt Grundbesitzer und Industrielle, holt ausländisches Kapital ins Land, während die Masse des Volkes in immer größeres Elend sinkt.
1910–1920 Dem Sturz von Díaz folgt ein Jahrzehnt blutiger Machtkämpfe der Konstitutionalisten (V. Carranza, Pancho Villa, A. Obregón) und einer Bauernbewegung unter Emiliano Zapata (ermordet 1919), die Land und Freiheit fordert.
1926–1929 Antiklerikale Maßnahmen von Präsident P. E. Calles (1924–1928) rufen den Aufstand der Cristeros, militanter Katholiken, hervor.
1934 Lazaro Cárdenas wird Präsident. Fortan lösen sich die Präsidenten und Regierungen des Landes alle sechs Jahre ab.

Kultur gestern und heute

1942 Kriegserklärung an Deutschland, Italien und Japan. Mexiko wird zum Exilland vieler Deutscher.
1968 Massaker von Tlatelolco: Kurz vor den Olympischen Spielen werden Studentenproteste in Mexiko-Stadt blutig niedergeschlagen.
1973–1988 Mexiko wird Ölmacht; enorme Verschuldung unter Präsident José López Portillo (1982).
1985 Schweres Erdbeben in Mexiko-Stadt; Zehntausende Tote.
1994 Aufstand der Zapatistas (s. S. 85). Inkrafttreten des Freihandelsabkommens NAFTA zwischen Mexiko, USA und Kanada. Ernesto Zedillo wird Präsident.
1997 Cuauhtémoc Cárdenas wird zum Bürgermeister von Mexiko-Stadt gewählt; der PRI verliert im Parlament die absolute Mehrheit.
2000 Mit Vicente Fox wird erstmals ein Kandidat der Opposition, der konservativen PAN, zum Präsidenten gewählt. Freihandelsabkommen mit Europa.
2003 Bei den Parlamentswahlen weitet der PRI seinen Vorsprung im Abgeordnetenhaus aus. PRD gewinnt bei den gleichzeitig stattfindenden Wahlen zum Stadtparlament in Mexiko-Stadt.
2005 Hurrikan Wilma richtet im Badeparadies rund um Cancún schwere Zerstörungen an.
2006 In dem über Monate andauernden Streit um die Präsidentschaftswahlen in Mexiko entscheiden schließlich die Juristen: Das oberste Wahlgericht bestätigt den Sieg des konservativen PAN-Politikers Calderón. Beobachter geben ihrer Furcht vor einer Eskalation der Lage in Mexiko Ausdruck.

Die vorspanischen Kulturen

Lange bevor Kolumbus die »Neue Welt« entdeckte, waren auf dem unbekannten Kontinent einzigartige Hochkulturen entstanden, deren Ursprünge sich Tausende von Jahren zurückverfolgen lassen. Während die Spanier die Hauptstadt der Azteken in Schutt und Asche legten und damit eine blühende Kultur auslöschten, hatte auf der Halbinsel Yucatán, die erst 20 Jahre später erobert wurde, der Niedergang der Maya schon Jahrhunderte vorher eingesetzt. Von der Existenz anderer Kulturen wussten die Europäer nichts bis zur Entdeckung faszinierender Bauwerke im Urwald.

Erst Mitte des 20. Jhs. wurden die tonnenschweren Basaltköpfe aus der Golfregion als älteste Zeugnisse einer Hochkultur erkannt und die Olmeken zur »Mutterkultur« Mesoamerikas (Kulturraum von Nordmexiko – Sinaloa/Tamaulipas – bis Honduras) ernannt. Unlängst stellten Forscher fest, dass die herausragenden Leistungen der Maya weiter zurückreichen als bisher angenommen. Etwa zeitgleich mit der 400 v. Chr. untergegangenen olmekischen La-Venta-Kultur errichteten sie riesige Stadtanlagen wie Calakmul und El Mirador (Guatemala). So tragen die Rätsel um Entstehen und Verschwinden der vorspanischen Kulturen genauso zum Reiz des Reiselandes Mexiko bei wie die großartigen Zeugnisse ihrer Kunst.

Die Anfänge
(ca. 40 000–1500 v. Chr.)
Während der letzten Eiszeit, vor 40 000 bis 20 000 Jahren, als eine

Landbrücke an der heutigen Beringstraße Asien mit Amerika verband, wurde der Doppelkontinent besiedelt.

Um 9000 v. Chr. hatte der Mensch die Südspitze des Kontinents bei Feuerland erreicht. 6500–5000 v. Chr. gelang im Hochtal von Tehuacán die Züchtung von Mais aus wilden Vorformen. Damit waren die Voraussetzungen zur Sesshaftigkeit gegeben, Siedlungen entstanden. Steinwerkzeuge, Obsidiangeräte, Reibsteine und Steingefäße sind die archäologischen Zeugen dieser Zeit. Um 2400 v. Chr. wurde die Keramik entwickelt.

Präklassische Zeit (1500–100 v. Chr.)

Eine florierende Landwirtschaft konnte viele Menschen ernähren und ließ daneben Gelegenheit zur Entwicklung von handwerklichen Fertigkeiten (Bearbeitung von Stein, Töpferei, Weberei) und zu künstlerischer Arbeit.

Mundo Maya

Die Maya-Kultur hat von allen mittelamerikanischen Kulturen die längste Geschichte und den größten angestammten Lebensraum. Weit über den Südosten des modernen Mexiko hinaus reichte sie bis nach El Salvador. In der Region leben heute mehr als 4 Mio. Nachfahren der Maya, die verschiedene Maya-Dialekte sprechen.

In klassischer Zeit (von 100 v. Chr. bis 900 n. Chr.) existierten gleichzeitig mehrere große Stadtstaaten wie Tikal, Palenque und Calakmul. Die Herrschenden versammelten Künstler und Priester um sich, trieben Handel, ließen sich prachtvolle Pyramiden und Paläste bauen und ihre Taten in Stein meißeln, auf Knochen ritzen oder auf Gefäße malen. Anders als lange angenommen, waren die Maya kein friedliches Volk, das sich ausschließlich der Kultur und Wissenschaft widmete. Vielleicht haben Eroberungskriege zum Zusammenbruch der Maya-Reiche im 9. Jh. geführt. Andere Spekulationen über die Ursachen des Untergangs reichen vom Bauernaufstand über Hungersnöte bis zur Umwelt- oder Klimakatastrophe. Neueste Forschungen machen eine Dürre dafür verantwortlich. Intellektuelle Höchstleistungen der Kultur waren eine Hieroglyphenschrift mit ca. 800 Zeichen sowie die Einführung der Null und des Stellenwerts in die Mathematik. Die Maya besaßen den genauesten Kalender der Welt, konnten Sonnenfinsternisse und die Umlaufbahn der Venus berechnen.

Eine Besonderheit ihrer Architektur ist das Kraggewölbe, auch »falscher Bogen« genannt. Mit immer weiter von den beiden Seitenmauern vorgeschobenen Steinen wurde ein Gewölbe geschaffen, das eine große Stein-Mörtel-Masse darüber zusammenhält. Diese Technik erlaubt, Räume bis etwa 3 m Breite zu überspannen und erklärt die langen, schmalen Gänge, die in den Ruinen auffallen. Den sehr massig wirkenden Gebäuden sollte ein hoher, vielfach durchbrochener Dachaufsatz (*crestería*) die plumpe Erscheinung nehmen. Dammstraßen (*sacbé*) verbanden weit entfernte Zeremonialzentren.

Kultur gestern und heute

Maske mit Intarsien aus Türkis und Muscheln, Teotihuacan-Kultur (Klassik)

Wichtige Fundorte sind **Tlapacoya** und die Begräbnisstätte **Tlatilco** im zentralen Hochland. Eine Fülle von Tonfiguren und Gerätschaften gibt Aufschluss über das Aussehen der Menschen und ihre Tätigkeiten, zum Beispiel als Akrobat (Anthropologisches Museum in Mexiko-Stadt). In dieser Periode bildeten sich die Grundlagen für die späteren Hochkulturen heraus. Die Menschen schufen sich eine Götterwelt mit Totenkult, Menschenopfer und rituellem Ballspiel, errichteten Zeremonialzentren mit Plattformbauten für Altäre, widmeten sich Astronomie und Handel.

Im späten Präklassikum (400 bis 100 v. Chr.) dürften die Anfänge von **Schrift** und **Kalenderwesen** liegen.

Ab etwa 1200 v. Chr. entstand an der Ostküste Mexikos die Zivilisation der **Olmeken**. Der Name stammt aus der Náhuatl-Sprache der Azteken und meint »die aus dem Kautschukland«. Wie sie sich selbst nannten, woher sie kamen und warum sie verschwanden, weiß man nicht. Die negroiden Züge der aus Basalt gehauenen Kolossalköpfe gaben Anlass zu Spekulation über afrikanische Ursprünge. Wichtigste Gottheit war der Jaguar, dessen Abbild in vielerlei Formen auftaucht. Die Olmeken unterhielten ein ausgedehntes Handelsnetz in ganz Mesoamerika, wobei ihr künstlerischer Einfluss am deutlichsten in Monte Albán (Oaxaca) zu erkennen ist.

Bis 2000 Jahre vor die Zeitenwende reichen die frühesten Spuren der **Maya** zurück. Eine Begegnung zwischen Maya und Olmeken am Handelsknotenpunkt Izapa (Chiapas) ist sehr wahrscheinlich, finden sich doch zahlreiche olmekische Elemente in der Maya-Kultur wieder. Deren älteste Zeugnisse stammen aus Guatemala, Belize, dem Copán-Tal in Honduras, Izapa und Calakmul.

Klassik (100 v. Chr.–900 n. Chr.)

Prägend für die klassische Zeit wurde die Kultur von **Teotihuacan**, der ersten Metropole im Hochland (100 v. Chr. bis ca. 700 n. Chr.; s. S. 51). Ihre Erbauer waren vermutlich Überlebende des Vulkanausbruchs, der **Cuicuilco** (s. S. 45) zerstört hatte. Um das Zeremonialzentrum gruppierten sich Paläste sowie Wohngebäude für 120 000 Menschen. Die damals größte Stadt der Welt trieb lebhaften Handel mit Obsidian und Keramik, wobei einfache Tonfiguren mittels Modeln massenhaft hergestellt wurden. Hohe künstlerische Qualität erreichten Dreifußgefäße, Federschmuck und steinerne Gesichtsmasken mit Einlegearbeiten.

Großartig ist die (zum Teil gut erhaltene) Wandmalerei. In den künstlerischen Werkstätten, von denen es zur Blütezeit mehr als 500 gab, waren auch »Gastarbeiter« aus Oaxaca beschäftigt. Der künstlerische und politische Einfluss Teotihuacans breitete sich fast im ganzen Gebiet des heutigen Mexiko aus und reichte bis Tikal

(Guat.). Ob die Großstadt von den Bewohnern aufgegeben oder von Invasoren zerstört wurde, ist ungeklärt.

!! **Archäologische Stätten** sind in der Regel tgl. von 8–17 Uhr geöffnet; in entlegenen Gegenden evtl. nur von 9 (10)–16 Uhr.

Das wichtigste Kulturzentrum an der Golfküste war in klassischer Zeit **El Tajín** (»Der Blitz«), wie es später die Totonaken nannten. Einzigartig in den altmexikanischen Kulturen ist die »Nischenpyramide« mit 365 Nischen. Neue Ausgrabungen zeigen, dass die Zeremonialanlage von weitläufigen Wohnquartieren umgeben war.

Die typischen Steinskulpturen der Tajín-Kultur – *yugos* (in der Form eines Joches), *hachas* (axtförmig) und *palmas*, die an Palmwedel erinnern – stellen Teile der Ausrüstung der Ballspieler dar, die ihnen symbolisch ins Grab mitgegeben wurden.

Postklassikum
(900 bis spanische Eroberung)
Nach dem Niedergang Teotihuacans blühten im zentralen Hochland lokale Zentren auf: Cholula, Xochicalco, Caxtla und Tula. **Tula** gilt als die Hauptstadt der Tolteken. Rund 50 000 Menschen lebten in der Umgebung des Zeremonialbezirks. Ohne künstlerische Parallele sind die 4,60 m hohen Atlanten aus Stein, die wohl das Tempeldach trugen und Krieger in voller Ausrüstung darstellen. Der Legende nach wurde der göttliche Priesterfürst Quetzalcóatl aus der Stadt vertrieben und gelangte im 10. Jh. nach Yucatán. Dort soll er übers Meer verschwunden sein und seine Rückkehr angekündigt haben, eine Prophezeiung, die einer Legende zufolge den Azteken zum Verhängnis wurde: Sie hielten Cortés für Quetzalcóatl.

Nach dem Untergang der Tolteken im 12. Jh. drangen Nomaden aus dem Norden ins Hochtal von Anáhuac ein. Die **Azteken** oder *Mexica* (wie sie sich selbst nannten) gründeten mitten im See von Texcoco die Stadt Tenochtitlan (s. S. 37), machten sich im 15. Jh. fast ganz Mexiko tributpflichtig und holten sich die besten Künstler an den Hof. Sie verehrten den Kriegsgott Huitzilopochtli und den Regengott Tláloc. Ihre Religion forderte Menschenopfer in großer Zahl, denn nur so konnte die nach Menschenherzen dürstende Sonne am Leben erhalten werden.

Im vorspanischen Mexiko sollten Bildwerke und Zeremonialarchitektur Mittler zwischen Menschen und der göttlichen Sphäre sein. Wie das tägliche Leben wurde die Kunst ganz von der Religion bestimmt. Ausnahmen bilden die **Kulturen der Westküste** (Colima, Nayarit, Jalisco), die nicht mit klimatischen Problemen zu kämpfen hatten und sich unbeschwert den Freuden des Alltags hingeben konnten. Skulpturenfunde aus Gräbern erzählen aus dem Leben: Musiker, Krieger, Paare in Umarmung, Kinder, Tiere und Pflanzen waren den Künstlern gleichermaßen willkommene Modelle.

> ### Ballspiel als Kult
>
> Das Ballspiel stammt aus der Ostküstenregion und verbreitete sich in verschiedenen Varianten in allen mexikanischen Kulturen, wie die zahlreichen Plätze dokumentieren. Der Ball war Abbild der Sonne, deren Lauf durch den Flug über das Spielfeld angedeutet wurde und daher nicht unterbrochen werden durfte. Vermutlich wurden die Verlierer den Göttern geopfert.

Kultur gestern und heute

Die koloniale Zeit

Genau drei Jahrhunderte, von 1521 bis 1821, währte die Herrschaft Spaniens in Mexiko. König Ferdinand hatte die Order gegeben, die Städte schachbrettartig anzulegen, um sie leichter kontrollieren zu können. Überall entstanden Orte nach dem gleichen Muster: Um einen zentralen Platz, der auch zu Aufmarschzwecken diente (*Plaza de Armas* – Platz der Waffen), wurden Regierungspalast, Verwaltungsgebäude und Kirche errichtet. Harmonisch proportionierte Bauten, malerische Innenhöfe, Arkaden und prachtvoll ausgestattete Kirchen prägen bis in die Gegenwart das Bild der charmanten **Ciudades Coloniales.**

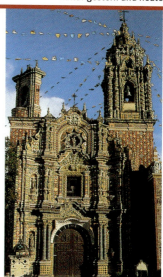

San Francisco Acatepec – Prunkstück des mexikanischen Barock

Wo immer Missionare auftauchten, erbauten sie Kirchen, und an den Arbeiten waren immer indianische Künstler beteiligt. Elemente ihrer Traditionen vermischt mit dem spanischen gaben dem Dekor des mexikanischen Barock seinen prägnanten Charakter. Aus der Kunst der Silberschmiede (Silber – span. *plata*) entwickelte sich der **platereske Stil,** der die filigrane Ausschmückung von Fassaden und Altarwänden auslöste.

Noch üppiger wurden die Verzierungen im 18. Jh. Der **churrigureske Barock,** benannt nach dem spanischen Baumeister José de Churriguera (1665–1725), der selbst nie nach Mexiko kam, fand seinen Ausdruck in einer überreichen Ornamentik von Blüten, Spiralsäulen und Ranken an Altären und Kirchenfassaden, mitunter auch an Privathäusern.

Die **Literaturgeschichte** des kolonialen Zeitalters begann mit der Verbrennung von kostbaren Kodizes und Urkunden der Azteken und Maya, um alle heidnischen Dokumente zu vernichten. Kurioserweise waren es dann Missionare, die zur Geschichtsschreibung anregten. **Fray Bernardino de Sahagún** (ca. 1500–1590) trug zur Rettung aztekischer Überlieferungen bei.

Diego de Landa (1524–1579) gab mit seinem »Bericht aus Yucatán« Einblick in den Alltag der Maya. Zuvor war er verantwortlich für das Autodafé von 1562, das lediglich vier Maya-Kodizes überlebten; drei gelangten später in europäische Museen.

Berühmt war **Sor Juana Inés de la Cruz** (1648–1695), die als erste mexikanische Dichterin gilt. Sie verkleidete sich als Junge, um Schulunterricht zu erhalten, wurde mit 13 Hofdame und ging mit 20 ins Kloster, um sich ihrem Studium und der Dichtkunst widmen zu können. Einer Frau war dies nach den gesellschaftlichen Konventionen nur dort möglich.

Octavio Paz schrieb ein spannendes Essay – **Sor Juana oder Die Fallstricke des Glaubens** – über ihr Leben und Wirken, das zugleich Spiegelbild jener Epoche ist.

19. Jahrhundert

Die ersten Jahrzehnte der Souveränität nach 1821 waren chaotisch, sodass es für die Baukunst kein Geld und für die Dichtkunst keine Muße gab. Erst unter Porfirio Díaz (1877–1911) erlebte die Kultur einen Aufschwung. Das Großbürgertum genoss europäische Importe und tanzte zu Walzer- und Polkaklängen. Walzer der mexikanischen Komponisten Macedonio Alcalá (1831–1869) und Juventino Rosas (1868–1894) gehören bis heute zum beliebten Repertoire der Orchester.

In der **Malerei** hielten vorwiegend die Herrschenden ihre Köpfe als Modelle hin. Auch die Helden des Unabhängigkeitskampfes wurden in Öl porträtiert. Bedeutung erlangte die Landschaftsmalerei **José María Velascos** (1840–1912). Eine andere Richtung schlug **José Guadalupe Posada** (1851–1913) ein, der in seinen Grafiken das Leben der kleinen Leute schilderte, Politiker anprangerte und grinsende Totengerippe, *calaveras,* zum Sprachrohr bissiger Satiren machte.

⭐ Arbeiten von José María Velasco, José Guadalupe Posada sowie viele andere Meisterwerke vereint das **Museo Nacional de Arte** in Mexiko-Stadt, Tacuba 8.

20. Jahrhundert

Bildende Kunst

Mit der neuen Verfassung von 1917 entwickelte sich ein Nationalbewusstsein, das dem Kunstschaffen neue Impulse gab. Die »Nationale Epoche« fand vor allem in Malerei und Musik ihren Niederschlag und hielt bis in die 1950er Jahre an. Größte Wirkung auf die Bevölkerung, aber auch auf internationale Kunstströmungen erreichten die **Muralisten**. Drei Namen stehen an der Spitze der »Wandmaler«: Rivera, Orozco, Siqueiros (s. S. 28).

Rufino Tamayo (1899–1991), der herausragende Maler des 20. Jhs., hat ebenfalls Wandgemälde geschaffen, sich allerdings nur einmal mit einem explizit politischen Thema (»Revolución«, 1938) auseinander gesetzt. Der Künstler zapotekischer Abstammung aus Oaxaca bekannte sich zu einem »poetischen Realismus«. Er hat in der Moderne Maßstäbe gesetzt und Künstler der jüngeren Generation wie **Francisco Toledo** (geb. 1940), ebenfalls aus Oaxaca, wesentlich beeinflusst.

Eine Ausnahmeerscheinung ist **Frida Kahlo** (1907–1954), Ehefrau Riveras, die lange nach ihrem Tod zu einer Kultfigur wurde. Ihre Bilder spiegeln ihr Leben wider, geprägt von körperlichem Schmerz und seelischem Leid – Folgen eines schweren Unfalls in ihrer Jugend –, und eine tiefe Liebe zur mexikanischen Volkskunst.

Skulptur im öffentlichen Raum propagierte der Bildhauer und Architekt **Mathías Goeritz** (in Danzig geb.; 1915 bis 1990). Sein bekanntestes Werk sind die »funktionslosen Türme« von Ciudad Satélite am Rande von Mexiko-Stadt. In der Architektur haben **G. J. Villagran** (UNAM) und **P. R. Vásquez** (Anthropolog. Nationalmuseum, Basílica de Guadalupe, Museo Templo Mayor) Akzente gesetzt.

⭐ Pionier der modernen mexikanischen Architektur war **Luis Barragán** (1902–1988). Sein Wohnhaus südlich des Chapultepec-Parks (Fco. Ramírez 14, Tel. 55 15 49 08) ist Museum und UNESCO-Welterbe.

Pater Miguel Hidalgo: eines der beeindruckendsten Orozco-Murales im Palacio de Gobierno in Guadalajara

Mexiko-Eroberer Cortés (links) als gieriger Steuereintreiber. Rivera-Fresko im Nationalpalast in Mexiko-Stadt

Musik

Als Vater der klassischen Musik Mexikos gilt **Manuel M. Ponce** (1886 bis 1948), der vertraute Melodien mit europäischer Kompositionskunst verband. Den größten internationalen Erfolg verbuchte jedoch **Carlos Chávez** (1899–1978), der Gründer des Nationalen Sinfonieorchesters, mit einem breiten Repertoire aller Sparten.

Silvestre Revueltas (1899–1940) komponierte mexikanische Musik, ohne je Folklorethemen zu zitieren. Zu seinen bekanntesten Werken zählen »La Noche de Los Mayas« (»Die Nacht der Maya«) und die Filmmusik »Redes« (»Netze«). Volksmusik konzertfähig gemacht haben **Blas Galindo** (1911–1993) mit »Sones de Mariachi« und **Pablo Moncayo** (1912–1958) mit seinem mitreißenden »Huapango«.

Die Komponisten der nächsten Generation emanzipierten sich von den

Muralismo oder Die Wand als Schule

»Viele Menschen können keine Bücher lesen, in Mexiko sind es besonders viele.« Aber sie können Bilder »lesen« und daraus lernen, sagten sich die Initiatoren der mexikanischen Malereibewegung Anfang des 20. Jhs. Damals betrug die Analphabetenrate ca. 80 %. Zu den Forderungen der Revolution gehörte Bildung für alle. Erziehungsminister Vasconcelos stellte 1922 Künstlern die Escuela Nacional Preparatoria in Mexiko-Stadt für das Muralismo-Experiment zur Verfügung. Die Wände öffentlicher Gebäude wurden zur Schule der Nation. Der originär mexikanische Beitrag zur Weltkunst knüpfte an die vorspanische Wandmalerei an, ließ sich aber auch von Fresken der Renaissance inspirieren. Die monumentalen Bilder schildern wichtige Ereignisse der mexikanischen Geschichte und wollen auf den richtigen, den revolutionären Weg in eine bessere Zukunft führen.

Diego Rivera (1886–1957) bleibt mit seinen realistischen, farbenprächtigen Werken, die das indianische Erbe propagieren, der Volkskunst am nächsten. **José Clemente Orozco** (1883–1949) schildert in abstrahierendem Stil den Kampf des Menschen um Ideale in einer bedrohlichen Welt. Der politisch radikalste Künstler ist **David Alfaro Siqueiros** (1896–1974), der in seiner Malerei die Bewegung der Massen eindrucksvoll eingefangen hat.

nationalen Vorbildern und stellen sich heute dem Vergleich der internationalen Avantgarde. Bedeutendster Komponist, Violinist und Förderer der zeitgenössischen Musikszene in Mexiko war **Manuel Enriquez** (1926–1994).

Volksmusik und Tanz

In Mexiko gehört Musik zum Alltag und zu Festen ganz besonders. Mariage, das französische Wort für Hochzeit, soll den **Mariachis** zu ihrem Namen verholfen haben, als im 19. Jh. die Franzosen im Land herumziehende Musikanten zu Hochzeiten aufspielen ließen. Die Mariachis mit ihren prächtigen Charro-Anzügen und breitkrempigen Sombreros, mit ihren schmetternden Trompeten, schluchzenden Geigen und schmachtenden Sängern wurden zum Markenzeichen der mexikanischen Volksmusik.

Auf der musikalischen Landkarte zeigen sich zudem indianische, spanische, karibische oder afrikanische Territorien. Im **Norden** singen die *tríos norteños* fröhliche Weisen zu Akkordeon und Mundharmonika. Eine Variante ist die *música ranchera,* die sich in der Popmusik durchgesetzt hat.

An der **Golfküste** bestimmen Harfenklänge und Gitarren den Rhythmus des *son jarocho,* und in Veracruz hat das Tanzlied »La Bamba« seinen weltweiten Siegeszug begonnen. **Yucatáns** Troubadoure schnulzen des Abends zur Gitarre ihre *trovas yucatecas.*

Veracruz, Chiapas und **Oaxaca** wurden bekannt für wahre Virtuosen an der **Marimba**, einem Xylophon, das von bis zu vier Spielern gleichzeitig bearbeitet wird. Ganz andere Töne schmettern die **Bandas** – von der Wiege bis zur Bahre begleiten diese Blaskapellen in den Dörfern Oaxacas das soziale Leben.

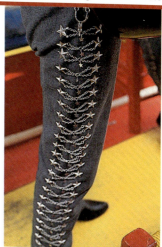

Kein Mariachi kann auf glitzernde Tressen und Knöpfe verzichten

Muscheltrompeten der Maya, aztekische Trommeln, Flöten und andere vorspanische Instrumente haben **Antonio Zepeda** und **Jorge Reyes** nachgebaut, vergessene Harmonien und Rhythmen wieder belebt.

⭐ Ihre CDs sind auch hierzulande als »World Music« zu finden: **Chavela Vargas,** die Grande Dame der Ranchera-Musik, und **Lila Downs** aus Oaxaca, die mixtekische Lieder und eigene Kompositionen singt. Neuer Stern am Opernhimmel ist der stimmgewaltige Tenor **Rolando Villazón.**

Authentisch sind **Volkstänze** bei lokalen Festen zu erleben, etwa bei der Guelaguetza in Oaxaca (s. S. 73).

In den typischen Tanzdielen, von Mexikanern aller Generationen gern besucht, geben Latino-Rhythmen den Ton an, während in den Diskos internationale Pop- und Rockmusik dröhnt.

⭐ Der Besuch des **Ballet Folklórico** gehört zum angenehmen Pflichtprogramm. Die perfekt choreografierte Show zeigt die Vielfalt der Volkstänze (Palacio de Bellas Artes, Mexiko-Stadt, Mi 20.30, So 9.30 und 20.30 Uhr; Karten: Tel. 53 25 90 00, www.ticketmaster.com.mx).

Literatur

Literatur aus Mexiko hat sich einen bescheidenen Anteil auf dem deutschsprachigen Buchmarkt erobert, auch angeregt durch den Literaturnobelpreis für den Lyriker und Essayisten **Octavio Paz** im Jahr 1990. Paz (1914–1998) hat mit seinem Essay »Das Labyrinth der Einsamkeit« 1950 ein Standardwerk zum Verständnis der *mexicanidad* geschaffen.

Mit den Erzählungen »El llano en llanas« (»Der Llano in Flammen«) und dem Roman »Pedro Páramo« setzte **Juan Rulfo** (1918–1986) dem kargen Leben auf dem Land ein Denkmal.

Die Hauptstadt und die Gesellschaft in all ihren Widersprüchen sind hingegen die vorrangigen Themen von **Carlos Fuentes** (geb. 1928). Sprachkunst und Ironie zeichnen seine vielschichtigen Romane aus (»Der alte Gringo«, »Das Haupt der Hydra«, »Die Jahre mit Laura Díaz« u. a.), ebenso seine Essays zur Historie Lateinamerikas (»Der vergrabene Spiegel«) und sein sehr persönliches Alphabet des Lebens (»Woran ich glaube«). 2006 erschienen seine fantastischen Erzählungen »Unheimliche Gesellschaft«.

Von **Sergio Pitol** sind die Gesellschaftsromane »Eheleben« und »Defilee der Liebe« auf Deutsch erhältlich. Gut konstruierte (Kriminal-)Romane sind die Spezialität von **Paco Ignacio Taibo II**, z. B. »Das Fahrrad des Leonardo da Vinci«, »Olga Forever« und der Roman »Unbequeme Tote«, den Taibo II »vierhändig« mit dem Zapatistenführer Marcos verfasste (2005).

Vergnüglich zu lesen sind **Angeles Mastrettas** Geschichten starker Frauen (»Emilia«; »Arráncame la vida« – »Mexikanischer Tango«; »Mujeres de ojos grandes« – »Frauen mit großen Augen«) und **Laura Esquivels** hinreißender Roman um Liebe und Kochkunst (»Como Agua para Chocolate« – »Bittersüße Schokolade«), der erfolgreich verfilmt wurde. Ihr neuestes Werk: »Das zärtliche Alphabet des Don Júbilo« (2002).

Veranstaltungskalender

Über 5000 Veranstaltungen verzeichnet der mexikanische Kalender der Volksfeste (ohne Messen – *Ferias* – und populäre Sportveranstaltungen). Hier nur eine kleine Auswahl traditioneller Feste, die mit Musik, Tanz und Feuerwerk begangen und oft von besonderen Spezialitäten der jeweiligen Küche und einem Kunsthandwerksmarkt begleitet werden.

- **1. Januar – Neujahr.** Umzüge, Feuerwerk; in indianischen Gemeinden wie in San Juan Chamula, Chiapas, findet, von feierlichen Zeremonien begleitet, der Wechsel der Dorfvorsteher statt.
- **17. Januar – Tag des hl. Antonius:** Geschmückte Haustiere erhalten den Segen des Beschützers der Tiere (besonders in Mexiko-Stadt).
- **2. Februar – Lichtmess** (Día de la Candelaria).
- **Februar/März – Karneval;** besonders farbenprächtig in Veracruz, Mazatlán, Acapulco, Cozumel, La Paz, Ensenada, Mérida und San Cristóbal de las Casas.
- **21. März – Frühlingsanfang:** In Chichén Itzá lassen Sonneneinfall

Film

In den 1940er Jahren erlebte Mexiko ein »goldenes Zeitalter« des einheimischen Kinos. Neben *ranchera*-Komödien und Melodramen wurden erstmals Filme gedreht, die dem Indianer eine ernsthafte Rolle zugestanden. Bedeutendster Regisseur dieser Richtung war **Emilio »El Indio« Fernández** (1904–1986). **María Felix** (1914–2002) war die populärste Darstellerin in einer Vielzahl von Filmen über die mexikanische Revolution.

Heute feiert der mexikanische Film mit Streifen wie »Amores perros«, »Y tu Mamá tambien« oder »El crimén de Padre Amaro« weltweit Erfolge. In allen drei Filmen spielte **Gael Garcia Bernal** die Hauptrolle. Er ist – wie vor ihm **Salma Hayek** (»Frida«) – international zum Star avanciert, auch durch die Filme »Die Reise des jungen Che« und »La mala educación«.

---

und Schatten an der Kukulcán-Pyramide den Eindruck entstehen, dass sich die »Gefiederte Schlange« (Treppenschmuck) langsam von oben nach unten bewegt. Wenn sie den Boden erreicht, so die Legende, verspricht die Erde gute Ernten (auch 22. 9.).
- **März/April – Semana Santa** (Karwoche), landesweit Passionsspiele und Prozessionen; besonders schön in Taxco, Ixtapalapa, Aguascalientes, San Luis Potosí.
- **Mai – Kulturfestivals** in Acapulco, Cancún und Puerto Vallarta.
- **5. Mai – Nationalfeiertag;** die Erinnerung an den Sieg über die Franzosen (1862) wird besonders in Puebla mit großer Pracht gefeiert.
- **Mai/Juni – Fronleichnam** (Jueves de Corpus Cristi), landesweit. In Papantla: Fest der *Voladores*.
- **Juni/Juli – Keramikausstellung** und **Fiesta** in Tlaquepaque.
- **29. Juni – St. Peter und Paul,** besonders in indianischen Gemeinden.
- **Ende Juli – Guelaguetza** in Oaxaca.
- **August – Kupfermesse** in Santa Clara del Cobre, Michoacán.
- **15. August – Mariä Himmelfahrt:** In Huamantla und Tlaxcala werden Blumenteppiche gestaltet.
- **16. September – Unabhängigkeitstag.**
- **29. September – Patronatsfest** in allen »San Miguel«-Orten, z. B. San Miguel Allende (mehrtägiges Fest mit indianischen Tänzen und Umzügen).
- **Oktober – Cervantino,** Guanajuato.
- **12. Oktober – Día de la Raza,** Jahrestag der Entdeckung Amerikas: traditionelle indianische Riten und Tänze im ganzen Land.
- **1./2. November – Tag der Toten.**
- **20. November – Jahrestag der Revolution:** landesweit; feierliche Parade in Mexiko-Stadt.
- **Dezember – »Silberwoche«** in Taxco, Ausstellung und Fiesta.
- **12. Dezember – Tag der Jungfrau von Guadalupe:** überall Gottesdienste und Prozessionen. Höhepunkt um die Basilika der Jungfrau von Guadalupe in Mexiko-Stadt.
- **Ab 16. Dezember – Vorweihnachtszeit** mit Prozessionen, Krippenspielen *(posadas)* und *piñatas*: Große Figuren aus Pappmaché, mit einem Tontopf voller Süßigkeiten im Bauch, werden von Kindern mit verbundenen Augen zerschlagen.

Essen und Trinken

Die mexikanische Küche, diese pikante Mischung aus vorspanischer Tradition und den Einflüssen der Alten Welt, hat so gar nichts zu tun mit hierzulande als typisch gepriesenen Gerichten wie *chili con carne*. Die Rezepte des Landes gehören zu den raffiniertesten der Welt – und zu den aufwändigsten.

Die regionalen Unterschiede sind groß. Im **Norden** mit seinen ausgedehnten Weideflächen wird bevorzugt Rindfleisch gegessen; in **Yucatán** machen sich u. a. bei der Zubereitung von Fisch karibische Einschläge bemerkbar. In den **Bergarbeiterstädten** gibt es traditionell deftige Kost wie *pozole*, ein Eintopf aus Mais und Hühnerfleisch. An den **Küsten** garen Fisch *(pescado)* und Meeresfrüchte *(mariscos)* in Töpfen und Pfannen.

Die von vielen gefürchtete Schärfe lässt häufig erst die – individuelle – Zugabe der *salsas* im Gaumen aufflammen. *Salsa mexicana* ist der Klassiker aus roten Tomaten *(jitomate)*, Chili, Zwiebeln, Limonensaft und Korianderkraut *(cilantro)*. Für die mildere *guacamole* werden Avocados püriert und mit Tomaten, Chili, Zwiebeln, Limonen und Korianderkraut verfeinert.

Die letzten vier Ingredienzen geben vielen Gerichten einen charakteristischen Geschmack, so *ceviche*, einem rohen Fischcocktail. Fische werden auch *a la veracruzana* (in Soße aus Tomaten, Chili, Kapern), *al mojo de ajo* (in Knoblauchsoße) oder *a la plancha*, auf dem Blech gebacken, serviert.

Nonnen aus Puebla erfanden zwei der Nationalgerichte. Die berühmte *mole poblano*, eine pikante dunkle Soße, die zu Huhn oder Truthahn gegessen wird, besteht aus Dutzenden von Zutaten, u. a. Schokolade, mehreren Sorten Chili, Mandeln, Erdnüssen und Zimt. Für *chiles en nogada* (in den Nationalfarben) werden grüne, milde Chilischoten mit einer Masse aus Hackfleisch, Gewürzen und Früchten gefüllt, gebraten und schließlich mit

Tortillas und frijoles

Kaum ein mexikanisches Gericht kommt ohne *tortillas* und *frijoles* (Bohnenmus) aus – und für die Armen sind sie oft die einzige Ernährung. Tortillas werden aus einer Maismasse *(masa)* zu runden Fladen geformt, traditionell mit der Hand dünn geklopft oder maschinell in der *tortillería* platt gewalzt, und auf dem *comal*, einem Blech, über offenem Feuer erwärmt. Brot, Teller, Löffel: Tortillas sind alles in einem. Sie werden frittiert oder gebraten, geröstet oder gebacken, gefüllt oder belegt, und haben jeweils einen anderen Namen.

Tacos: Zusammengerollte Tortillas mit Fleischstückchen und *salsa*.
Enchiladas: Zusammengefaltete Tortillas, gefüllt mit Hühnerfleisch und mit Sahnesoße überbacken *(a la Suiza)*, mit Tomaten *(entomatadas)* oder mit Bohnenpüree *(enfrijoladas)*.
Quesadillas: Gebackene Tortillas mit Käsefüllung oder Gemüse *(flor de calabaza*/Zucchiniblüten, *hongos*/Pilze).
Tostadas: Flache frittierte Tortillas, belegt mit *frijoles*, Salat, Hühnerfleischstückchen, gehackten Zwiebeln und geriebenem Käse.

einer weißen Sahne-Walnuss-Soße übergossen. Das farbliche i-Tüpfelchen setzen rote Granatapfelkerne.

Indianische Tradition haben *tamales*: Maisbrei mit Schmalz vermischt, zu einem festen Kloß geformt, gefüllt mit Fleisch, Gemüse oder süß mit Früchten, in Mais- oder Bananenblätter gewickelt und im Dampf gegart. *Torta* heißt ein großes, reich belegtes Brötchen *(bolillo)* mit *frijoles,* Avocados und Tomaten, nach Wahl außerdem mit Schinken, Käse, Chilis oder *carnitas,* den in Schmalz knusprig gebratenen Schweinefleischstückchen.

Gemüse köchelt meist in Soßen, Tunken und *guisados* (Eintopfgerichte). Kaktusblätter, *nopales,* schmecken als Salat oder Gemüse. Das Angebot an Früchten ist vielfältig: Melonen und Papayas, *piña* (Ananas), Zitrusfrüchte, *plátano* (Banane), Mango, Guayaba oder die rotfleischige Mamey. Als Desserts genießen Mexikaner *helado* (Eis), *flan* (Karamellpudding) oder *ate*, ein festes Fruchtgelee, das oft mit Käse serviert wird.

Getränke

Zum Essen passt ein kühles Bier *(cerveza)*. Gute einheimische Weine sind nur in besseren Restaurants zu bekommen. Limonaden und Cola-Getränke heißen *refrescos*. Erfrischend sind *lemonadas* oder *aguas preparadas* aus Limonen oder anderen Früchten mit Mineralwasser und Zucker.

Als Allheilmittel ist *tequila* (Agavenschnaps) in (fast) aller Munde. Ebenfalls aus Agaven brennt man den höherprozentigen *mezcal*.

Beliebt sind Cocktails wie *margarita* (Tequila, Orangenlikör, Limonensaft) oder *Piña Colada* (Kokosmilch, Ananassaft, Rum). Zu Kaffee oder Eis passt der Kaffeelikör »Kahlua«.

Unterkunft

Wollen Sie Ihren Mexiko-Urlaub stilvoll auf einer Hazienda verbringen, wie ein Filmstar in einer Villa schlafen? Vielleicht im Kloster oder in einer Hängematte am Strand? Mexiko bietet Übernachtungsmöglichkeiten für jeden Geschmack und Geldbeutel.

In den **Hauptreisezeiten** Weihnachten und Ostern sowie in den Ferienmonaten Juli/August sollte man vorab reservieren. Die Preise liegen dann ca. 30 % höher als sonst.

Das Tourismusministerium unterscheidet sieben **Kategorien** mit 1 bis 5 Sternen sowie die Luxusklassen *Gran turismo* und *Especial*. Der »große Tourismus« meint luxuriöse Hotels internationalen Standards mit gehobenen Freizeiteinrichtungen. *Especial* ist eine Kategorie für zumeist kleine, aber äußerst feine, teure Herbergen. In den Badeorten dominieren Hotels *todo incluido,* bei denen Freizeit-/Sportprogramme und Mahlzeiten im Preis enthalten sind.

Auch für weniger Anspruchsvolle bietet Mexiko eine breite Palette komfortabler Unterkünfte, vom standardisierten Hotel der internationalen Ketten bis zu familiären *Posadas* (Gasthäuser). Grundsätzlich findet man ab zwei Sternen saubere Zimmer mit eigenem Bad.

Viele Hotels findet man im **Internet:** www.caminoreal.com,
- www.lhw.com (Leading Hotels)
- www.MexicoBoutiqueHotels.com
- www.posadas.com
(Fiesta Americana)
- www.slh.com (Small Luxury Hotels)
- www.starwood.com (Westin, Sheraton. Luxury Collection, W Hotels)

Reisewege und Verkehrsmittel

Für ausgedehnte Reisen eignet sich am besten eine Kombination aus Flugzeug, Bus und Auto, abhängig von Zeit und Reisebudget. Der Bus ist das preiswerteste Verkehrsmittel und fährt auch in die entlegensten Orte. Für Tagesausflüge empfiehlt sich die Buchung eines Mietwagens.

Das Straßennetz ist gut ausgebaut und wird ständig erweitert. Neue Autobahnen (allesamt gebührenpflichtig) gibt es u. a. entlang der nördlichen Pazifikküste, von Mexiko-Stadt nach Acapulco (Maut ca. 45 €), zw. Mérida und Cancún (ca. 25 €) und von Morelia nach Zihuatanejo.

Flugzeug

Neben den großen Fluggesellschaften **Mexicana, Aeroméxico, Aviacsa** und **Aerocalifornia** gibt es einige regionale Airlines sowie zunehmend mehr Billigfluglinien, die den Flughafen von Toluca zum Drehkreuz gewählt haben, so etwa Volaris, Avolar, Interjet und Republic Air. Einige starten auch von Guadalajara, Cuernavaca oder Puebla, womit sich evtl. neue Kombinationen ergeben, z. B. Puebla–Acapulco. Vergleiche der Flugdaten und Endpreise lohnen in jedem Fall: Auch die großen Airlines bieten zu bestimmten Terminen/Konditionen günstige Tickets an.

Für Touristen interessant bleiben die Coupon-Angebote zum Festpreis (inkl. Steuern), die als Mexipass (Mexicana) bzw. Mexiplan (Aeromexico) angeboten werden und die man nur außerhalb des Landes erwerben kann (Links zu diversen Fluggesellschaften unter www.aeropuertosmexico.com).

Autobusse

Zwischen den großen Städten bestehen mehrmals täglich Verbindungen durch die großen Busgesellschaften (z. B. Autobuses del Oriente / ADO, Cristóbal Colón, Estrella de Oro / EDO). Fahrkarten sollte man nach Möglichkeit mindestens einen Tag im Voraus reservieren.

Ticket Bus reserviert Busfahrkarten für diverse Linien per Telefon und ist in allen großen Städten vertreten; in Mexiko-Stadt: Tel. (55) 51 33 24 24, www.ticketbus.com.mx

Fahrplanauskünfte und **Tarife** für den Busverkehr findet man unter www.primeraplus.com.mx

Die üblicherweise nonstop fahrenden **1.-Klasse-Busse** mit Aircondition, Pullmansitzen und Toiletten werden von der **Luxusklasse** (Primera Plus, Futura mit 30 bzw. 24 Plätzen) übertroffen.

2.-Klasse-Busse sind geringfügig billiger und auf langen Strecken nicht zu empfehlen: Sie halten in jeder kleineren Ortschaft und zudem auf Winkzeichen an der Straße. Auch für sie müssen Platzkarten gelöst werden.

Lokalbusse einfachster Bauart verkehren nur in die Umgebung der zentralen Orte und werden zunehmend durch Kleinbusse, **Colectivos**, ersetzt.

Busbahnhöfe liegen in der Regel am Ortsrand, 1.- und 2.-Klasse-Bahnhöfe meist weit auseinander.

Eisenbahn

Passagierverkehr gibt es nur in Touristenzügen, deren Zahl ständig steigt. Nicht das Ziel, sondern die Fahrt lockt auf einer der berühmtesten Eisenbahnstrecken der Welt: von Chihua-

Reisewege und Verkehrsmittel

Per Eisenbahn durch die Barranca del Cobre – ein Highlight jeder Mexiko-Reise

hua im nördlichen Hochland durch die grandiose **Barranca del Cobre** (»Kupferschlucht«) nach Los Mochis am Pazifik (s. S. 69 f.). Ebenfalls beliebt ist der **Mayaexpress** zwischen Mérida und Palenque.

Auto – Mietwagen

Am unabhängigsten ist Mexiko mit dem Mietwagen zu erkunden. Die Voraussetzungen dafür sind: Mindestalter 25 Jahre, gültiger Führerschein, Reisepass, Kreditkarte. Wichtig ist eine Haftpflichtversicherung (ab etwa 13 wUS-$/Tag). Für den zweiten Fahrer werden 3,50–5 US-$/Tag berechnet. Gibt man ein Auto nicht am Mietort zurück, fallen hohe **Rückführungsgebühren** an. Wer auf internationale Mietwagenfirmen setzt, fährt günstiger, wenn er in Europa bucht. Bei Reiseveranstaltern (DerTour u. a.) sind Versicherungen bereits im Preis enthalten. In Zentren wie Mérida, Cancún oder Acapulco gibt es wegen der Konkurrenz lokaler Anbieter oft preiswerte Tagespauschalen.

Für Rundreisen auf Yucatán ist ein Mietwagen zu empfehlen, da das Busnetz weniger dicht ist als sonst.

Überschreitungen des **Tempolimits** von 40 km/h in Ortschaften, 80 km/h auf Fernstraßen und 110 km/h auf Autobahnen werden streng geahndet.

Fahrten in der Dunkelheit sind nicht ratsam, da die Straßen nicht wie in Europa markiert sind und Fußgänger und Pferde keine Rücklichter haben – Fahrräder und andere Autos oft auch nicht! Nebenstraßen sind nachts wenig befahren, sodass bei einer Panne kaum Hilfe zu erwarten ist.

Straßenhilfsdienst bei Tage leisten auf Fernstraßen und Autobahnen die *Angeles verdes* (»Grüne Engel«) des *Departamento de Información e Auxilio Turístico* (Tel. 078) gemeinsam mit den gelben Patrouillen des Mexikanischen Automobilklubs (AMA).

Das **Tankstellennetz** der staatlichen Gesellschaft PEMEX ist relativ dicht, doch empfiehlt es sich, frühzeitig voll zu tanken. Bleifreies Benzin heißt *magna sin,* Super *premium.*

***Mexiko-Stadt

Faszination auf den zweiten Blick

Das Flugzeug setzt zur Landung an, taucht in eine Dunstglocke, unter der sich eine endlose Fläche von Häusern ausbreitet: Ciudad de México, Mexiko-Stadt, Mexico City, Distrito Federal (D. F.), 2240 m hoch gelegen, mit rund 1500 km² Fläche, doppelt so ausgedehnt wie Berlin und längst über die Stadtgrenzen hinausgewachsen; mit rund 20 Mio. Einwohnern eine der größten Städte der Welt – und gleichzeitig eine der faszinierendsten. Manch ein Besucher verspürt nach der ersten Taxifahrt durch das Verkehrsgewirr vielleicht die Regung, gleich wieder umzukehren. Doch der einzigartige Charme dieser Metropole entfaltet sich schnell.

Mexiko-Stadt ist das politische und wirtschaftliche Zentrum des Landes und besitzt darüber hinaus eine lebendige Kulturszene. Zeugnisse der Geschichte finden sich überall im Stadtbild; Schätze jahrtausendealter Kulturen werden in Museen bewahrt und die Moderne ist allgegenwärtig: Imponierende Glaspaläste, schicke Einkaufszentren und elegante Restaurants im engen Nebeneinander mit bunten Märkten, duftenden Garküchen und Straßenmusikanten. Die Bühnen und Konzertsäle präsentieren Klassisches wie Avantgarde, Galerien machen mit den Trends bekannt.

Es gibt so viel zu sehen und zu erleben, dass ein Aufenthalt immer zu kurz ist. Die folgenden Rundgänge für drei Tage geben einen ersten Überblick über die wichtigsten Sehenswürdigkeiten.

Centro histórico

Rund um den **Zócalo ❶

Egal, wo Ihr Hotel liegt: Beginnen Sie die Besichtigung am Zócalo. Diese riesige **Plaza de la Constitución** (»Platz der Verfassung«), angelegt auf dem zerstörten »Großen Platz« von Tenochtitlan, ist idealer Ausgangspunkt zur friedlichen Eroberung des **Centro histórico**, des Zentrums von Macht und Kultur seit fast 700 Jahren.

Zu dem geschlossenen Häuserensemble gehören an der Südseite des Platzes die **Palacios de Ayuntamiento** ❷, der Sitz der Stadtverwaltung, und im Westen die **Monte de Piedad** ❸ genannte Pfandleihe.

Mit Blick auf den Zócalo speisen kann man im Dachterrassenrestaurant des Hotels **Majestic.** Auch das **Holiday Inn Zócalo** und das **Gran Hotel Ciudad de México** haben Terrassen mit Zócalo-Aussicht.

Wie viele Bauten im Zentrum sinkt die ****Catedral Metropolitana** ❹, die größte Kirche des Kontinents, in die Tiefe. Gewaltige Arbeiten waren notwendig, um den Untergrund zu stabilisieren. 250 Jahre Bauzeit (von 1563 bis 1813) haben in unterschiedlichsten Stilen ihre Spuren hinterlassen.

Vergoldete Altäre, ein Chorgestühl aus Zedernholz, Wandfresken, gotische Gewölbe und barocke Gemälde sind nur einige der Kostbarkeiten, die es beim Rundgang (nicht während einer Messe) zu entdecken gilt. Prunkstücke sind der ***Altar de los Reyes** (»Altar der Könige«) und der ***Altar del Perdón** (»Gnadenaltar«).

***Mexiko-Stadt

Bescheiden duckt sich daneben das *Sagrario Metropolitano ❺ (Sakramentshaus; Mitte 18. Jh.) aus rötlichem Vulkangestein *(tezontle)*. Doch seine churrigtureske Fassade zählt zu den schönsten der Stadt.

Die gesamte Ostseite des Zócalo wird von dem rund 235 m langen **Palacio Nacional ❻ eingenommen. An der Stelle des Palastes von Moctezuma ließ sich Cortés seine Residenz errichten, die heute Amtssitz des Staatspräsidenten ist.

Über dem Balkon in der Mitte des Palacio Nacional hängt die »Freiheitsglocke«, die zur Erinnerung an den Beginn des Unabhängigkeitskampfes (1810) alljährlich am 15. September vom Staatspräsidenten geläutet wird.

In dem über 17 Innenhöfe verfügenden Nationalpalast befindet sich u. a.

Karte Seite 41

Die Kathedrale in Mexiko-Stadt ist die größte Kirche des Kontinents

Huitzilopochtlis Vision

Um 1325 ließen sich die Azteken, die sich selbst *Mexica* nannten, mitten im Texcoco-See nieder. Hier fanden sie, wie ihr Gott Huitzilopochtli vorausgesagt hatte, den Adler auf einem Kaktus mit einer Schlange im Schnabel: das Zeichen, eine Siedlung zu gründen. Innerhalb von 200 Jahren entwickelte sich Tenochtitlan zu einer blühenden Stadt mit Tempeln, Pyramiden und Palästen, mit Märkten und schwimmenden Gärten, mit Straßen und Kanälen, Wasserleitungen und Wohnhäusern für etwa 300 000 Menschen. Beim Anblick dieser weiß getünchten Stadt glaubten die Spanier, sie müsse von Zauberhand geschaffen sein. Doch die Begeisterung über diese Pracht hielt die Eroberer nicht davon ab, nach ihrem Sieg über die Azteken 1521 alle Tempel zu schleifen und auf deren Trümmern und mit deren Steinen eine neue Stadt zu bauen: México, Hauptstadt des Vizekönigreichs Neu-Spanien.

Aus der Kolonialepoche sind zahlreiche Bauwerke mit reich geschmückten Fassaden, schönen Holztüren oder schmiedeeisernen Balkonen erhalten. 1980 wurde die Altstadt zum Nationalen Historischen Denkmal und 1987 zum UNESCO-Welterbe erklärt; seither wird ständig restauriert. Das schwere Erdbeben von 1985 verursachte an Kolonialbauten weniger Schäden als an modernen Gebäuden. Das Zentrum im trockengelegten Texcoco-See leidet jedoch an der zunehmenden Entwässerung des sumpfigen Untergrunds.

***Mexiko-Stadt

ein Museum für Benito Juárez. Hauptattraktion sind die **Fresken** von Diego Rivera. Das Wandbild im Treppenhaus stellt historische Begebenheiten und Persönlichkeiten Mexikos dar. Der Innenhof ist täglich geöffnet.

Die Überreste des **Templo Mayor** ❼ der Azteken liegen nördlich des Palastes. Zufällig stießen Bauarbeiter 1978 auf einen runden Monolith von über 3 m Durchmesser mit der Darstellung der Mondgöttin Coyolxauhqui. Die spektakuläre Entdeckung löste die größte Grabungskampagne in Mexiko-Stadt aus. Erst kürzlich wurde wieder ein sensationellerr Fund gemeldet: eine 10 Tonnen schwere, 3,50 Meter große Skulptur, die zu einem Tlaloc-Altar gehört. In dem grandiosen Museum wandert man auf Laufstegen durch den Tempelbezirk, vorbei an Kriegerstatuen und der mit steinernen Totenschädeln dekorierten Schädelstätte (Di–So 9–17 Uhr).

Straßenleben zwischen Zócalo und *Alameda-Park

Nach so viel Geschichte und Kunst ist mexikanisches Leben pur in kleinen Straßen angesagt. Östlich des Nationalpalastes lädt die **Corregidora**, eine hübsche Fußgängerzone mit einem rekonstruierten Kanal *(Acequia Real)*, zum Flanieren ein. Die Calle Loreto führt nördlich davon zur gleichnamigen Plaza vor der klassizistischen Kirche **Nuestra Señora de Loreto** ❽, eine stille Oase in der Stadt.

Weit lebhafter ist die *Plaza Santo Domingo* ❾. Unter den Arkaden sitzen Lohnschreiber, *evangelistas* genannt, an klapprigen Tischen, um auf Schreibmaschinen vom Liebesbrief bis zur Petition an Politiker alles zu tippen, was die Kunden wünschen, die nicht schreiben können.

Die Avenidas **Francisco Madero** und **5 de Mayo** sind lebhafte Geschäftsstraßen, in denen Goldschmiede und Juweliere residieren. Auch gut sortierte Buchläden lassen sich hier finden. Volkstümlicher geht es in den Straßen **Tacuba** und **16 de Septiembre** zu.

Der *Alameda-Park*, die älteste Parkanlage der Stadt mit gekachelten Springbrunnen und dem monumentalen Marmordenkmal für Benito Juárez, ist Treffpunkt für Liebespaare und Angestellte in der Mittagspause.

Mit 180 m Höhe zählt die **Torre Latinoamericana** ❿ zu den höchsten Bauwerken Lateinamerikas. Von der Aussichtsplattform im 42. Stock bietet sich bei klarem Wetter ein überwältigender **Blick auf die Stadt.

Eines der schönsten Kolonialhäuser ist die *Casa de los Azulejos* ⓫ (»Haus der Kacheln«). Sie wurde 1596 erbaut und Anfang des 18. Jhs. mit blau-weißgelben Kacheln aus Puebla verkleidet.

🎁 Im Inneren lädt eine Filiale der **Sanborns**-Kette mit Restaurant im Patio und einer modischen Bar im Obergeschoss zum Kaufen und Verweilen ein.

Ein Prunkbau ist der **Palacio de Bellas Artes** ⓬ aus weißem Carrara-Marmor, 1904–1934 nach Plänen des italienischen Architekten Adamo Boari realisiert. Opern, Ballett, Konzerte, Theater und das berühmte **Ballet Folklórico** (s. S. 29) kommen in dem großen Saal (1900 Plätze) zur Aufführung. Der Glasmosaik-Bühnenvorhang stammt von Tiffany in New York. In den Räumen werden Wechselausstellungen gezeigt, während einige der besten Fresken von Orozco, Rivera, Siqueiros und Tamayo das Treppenhaus zur eigenen Kunstgalerie machen. Ein guter Buchladen und ein edles Café-Restaurant ergänzen das Angebot.

> Karte Seite 41

Einen neuen architektonischen Akzent setzt – gegenüber dem Denkmal für Benito Juárez im Alameda-Park – der Komplex **Plaza Juárez** mit den Hochhaustürmen des Architekten Ricardo Legorreta.

Ganz in der Nähe (Revillagigedo/Independencia) präsentiert das ***Museo de Arte Popular** auf hinreißende Weise die Vielfalt mexikanischer Volkskunst. Der dazugehörige Laden ist eine einzige Verführung!

Wenige Blocks nördlich von Bellas Artes liegt die ***Plaza Garibaldi** ⓭. Auf dem Platz versammeln sich Mariachis, um Spaziergänger gegen Honorar mit Liedern zu unterhalten. Ein Markt bietet Kulinarisches aus Jalisco, der Heimat der Mariachi-Klänge.

Karte Seite 41

Bei einer dreistündigen Rundfahrt im knallroten **Turibus** kann man auf reizvolle Art und »open air« die Stadt erkunden (Ticket Mo–Fr 100 Pesos, Sa, So 115 Pesos).

Die schönsten Murales

Die Zahl von Murales an Innen- und Außenwänden öffentlicher Gebäude ist riesig. Über 50 Künstler haben sich allein in Mexiko-Stadt betätigt. Im Stadtzentrum finden sich Meisterwerke der großen Drei: Rivera, Siqueiros, Orozco.

***Antiguo Colegio de San Ildefonso** Ⓐ, C. Justo Sierra 16; Di–So 10–18 Uhr. In der einstigen Escuela Nacional de Preparatoria, einem Barockgebäude von 1749, nahm die Wandmalereibewegung ihren Anfang. Riveras Erstlingswerk »Die Schöpfung« ist in der Aula *(Anfiteatro)* zu sehen, aber nicht immer zugänglich. Orozco schuf die Malereien im Innenhof, von Siqueiros stammen die Gemälde entlang den Treppenaufgängen.

***Secretaría de Educación Pública** Ⓑ (Erziehungsministerium), Calle Argentina. Ein ganzes »Bilderbuch« mit 235 Paneelen von Rivera wird hier auf 3 Etagen aufgeblättert. Die Themen stehen im Einklang mit der Funktion des Gebäudes: Bildung, Erziehung, Reich und Arm, Revolution und die Werte der indianischen Kultur. Eine Passage führt zur Plaza Santo Domingo, vorbei an einem Werk von Siqueiros.

Justizpalast Ⓒ (Suprema Corte de Justicia) an der Südostecke des Zócalo: Fresken von Orozco.

Kirche des **Hospital de Jesús** Ⓓ: Deckengemälde Orozcos mit dem Titel »Die Apokalypse«.

Ein eigenes Gebäude (Ecke Av. Juárez/Balderas) erhielt Diego Riveras ***Gemälde »Traum vom Sonntagnachmittag im Alameda-Park«** Ⓔ, das nach dem Erdbeben von 1985 aus der Lobby des »Hotel del Prado« entfernt werden musste. Auf 18 x 4 m sind die wichtigsten Persönlichkeiten der mexikanischen Geschichte – bisweilen karikiert – und Riveras Familie dargestellt.

Haus der Elektrizitätsgewerkschaft Ⓕ (Alonso Caso 45): Dynamisch bewegtes »Porträt der Bourgeoisie« zwischen Geld und Maschinen von Siqueiros.

***Mexiko-Stadt

Karte Seite 40

Weg 2

Paseo de la Reforma – **Bosque de Chapultepec

Taxis oder Colectivos (Aufschrift »Auditorio«) fahren vom Alameda-Park über den **Paseo de la Reforma** zum Chapultepec-Park. Der grüne Mittelstreifen der achtspurigen Prachtstraße aus Kaiser Maximilians Zeiten lädt mit Skulpturen und Anpflanzungen zum Spazierengehen ein. Im Kreisverkehr werden die Autos um *Glorietas* genannte Plätze geführt, auf denen Denkmäler oder Brunnen stehen. Kolumbus wird hier ebenso gewürdigt wie der letzte Aztekenkaiser Cuauhtémoc. Doch alle übertrifft an Höhe und Bedeutung das **Monumento a la Independencia** (»Unabhängigkeitsdenkmal«) mit dem Siegesengel auf einer 50 m hohen Säule.

Der weitläufige **Bosque de Chapultepec** ist die grüne Lunge der Millionenstadt und wird an jedem Wochenende zum größten Picknick- und Spielplatz der Welt. Zehntausende von Hauptstädtern, den *chilangos*, strömen in den bewaldeten Park, um zu feiern, zu flanieren oder sich bei einer Kahnpartie zu vergnügen. Sie lassen Kinder auf einem Schaukelpferd als kleine *Zapatas* fotografieren, bewundern die Tiere im Zoo, spielen

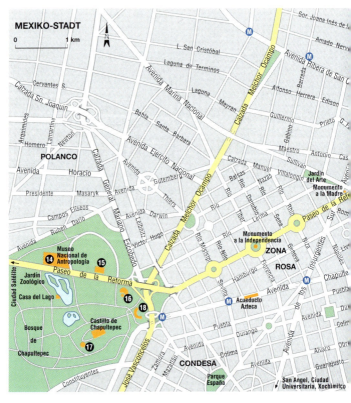

Weg 1
❶ Zócalo/Plaza de la Constitución
❷ Palacios de Ayuntamiento
❸ Pfandleihe Monte de Piedad
❹ Kathedrale
❺ Sagrario Metropolitano
❻ Palacio Nacional
❼ Templo Mayor
❽ Kirche Nuestra Señora de Loreto
❾ Plaza Santo Domingo
❿ Torre Latinoamericana
⓫ Casa de los Azulejos
⓬ Palacio de Bellas Artes
⓭ Plaza Garibaldi

Weg 2
⓮ Museo Nacional de Antropología
⓯ Museo de Arte Contemporáneo Internacional Rufino Tamayo
⓰ Museo Nacional de Arte Moderno
⓱ Galería de Historia
⓲ Monumento a los Niños Héroes

Gebäude mit Murales:
Ⓐ Antiguo Colegio de San Ildefonso
Ⓑ Secretaría de Educación Pública
Ⓒ Justizpalast
Ⓓ Hospital de Jesús
Ⓔ Museum für Riveras Gemälde »Traum vom Sonntagnachmittag im Alameda-Park«
Ⓕ Haus der Elektrizitätsgewerkschaft

***Mexiko-Stadt

Ein Highlight im anthropologischen Museum ist der aztekische Kalenderstein (links)

Fußball oder lauschen Freiluftkonzerten. An Dutzenden von Ständen werden Essen, Früchte, Süßigkeiten und Spielzeug verkauft. Im Park konzentrieren sich die besten Museen.

***Museo Nacional de Antropología ⓮

Öffnungszeiten: Di–So 9–19 Uhr. Tonbildschau (span.), Führungen auch auf Deutsch; Auswahl an mehrsprachigen Publikationen; Verkauf hochwertiger Souvenirs. Gutes Restaurant. In dieser herausragenden Sammlung (1964 eröffnet) – ein Muss für jeden Mexiko-Reisenden – sollte man wenigstens einen halben Tag verbringen.

Der **Rundgang** beginnt (entgegen dem Uhrzeigersinn) mit einer kursorischen **Einführung** in die Anthropologie. Die nächsten drei Räume dokumentieren die Entwicklung bis zur vorklassischen Periode (1500–100 v. Chr.) mit ersten künstlerischen Werken wie der *****Akrobatenvase** und den kleinen Tonfiguren aus Tlatilco.

Teotihuacan wird durch die großartige Kopie eines Wandgemäldes vertreten, das die lustigen Bewohner des »Paradieses von Tláloc« darstellt. Ferner ist eine Fassade des Quetzalcóatl-Tempels rekonstruiert.

Den **Tolteken-Saal** beherrscht eine mächtige Atlantensäule (4,60 m) des Tempels von Tula. Ein mit Perlmutt belegter *****Kriegerkopf,** der aus einer Kojotenmaske herausschaut, gehört zu den ungewöhnlichsten Exponaten.

Der zentrale **Mexica-Saal** ist der größte und reichhaltigste des Museums. Den Ehrenplatz im Pantheon aztekischer Gottheiten hat der berühmte ******Kalender-** oder **Sonnenstein** der Azteken. Der 24 t schwere Basaltmonolith mit einem Durchmesser von 3,35 m stammt von 1479.

Der **Oaxaca-Saal** zeigt zapotekische Urnen in Göttergestalt und Repliken der frühen Steinbilder der »Danzantes« (»Tanzenden«) von Monte Albán. Das dortige Grab 104 ist im Kellergeschoss nachgebildet. Von den Mixteken stammen Fresken und bemalte Keramik. Der Saal für die **Kulturen der Golfküste** birgt olmekische Jadefiguren und steinerne Ballspielrequisiten der Huaxteken. Im **Maya-Saal** glänzen die schönsten Fundstücke der Maya-Kultur, präsentiert nach Themen wie Technologie, Kosmologie oder Architektur. Die ******Grabkammer des Tempels der Inschriften** wurde detailgenau rekonstruiert (das Original in Palenque ist nicht zugänglich). Einen Höhepunkt bildet die Jademaske des Pakal. Ähnlich eindrucksvoll ist die Rekonstruktion der *Fresken von Bonampak in einem Tempel auf dem Freigelände. Hier wurde auch die mit Stuck und Figuren verzierte Fassade von Ek Balam (s. S. 7) nachgebaut. Den **Kulturen des Westens und Nordens** ist der letzte Doppelsaal gewidmet.

Obergeschoss: Empfehlenswerte ethnografische Ausstellung über die heutigen Indianervölker. Traditionelle Kleidung, Kunsthandwerk, Gebrauchsgegenstände und Beispiele zu Hausbau, Ernährung, Sitten und Gebräuchen sind szenisch arrangiert.

Vor dem Museum führen *Voladores ihre Künste vor. Nach einem alten Ritus zur Begrüßung des Frühlings stürzen sich vier Männer an Seilen von der Spitze eines Baumstammes kopfüber in die Tiefe, um in 13 Umdrehungen auf die Erde zu gelangen. 4 x 13 ergibt die Zahl 52, das »Jahrhundert« in der aztekischen Zeitrechnung.

Kunstpaläste im Park

Zu einem Zentrum zeitgenössischer Kunst mit Ausstellungen, Performances, Konzerten und Lesungen hat sich das ***Museo Tamayo Arte Contemporáneo ⑮** entwickelt. Gelegentlich werden Werke des Gründers Rufino Tamayo (1899–1991) ausgestellt.

Mexikanische Kunst des 20. Jhs. – u. a. von Olga Costa, Frida Kahlo und David Alfaro Siqueiros – sowie wechselnde Ausstellungen zeigt das ****Museo Nacional de Arte Moderno ⑯** in einem Doppelrundbau.

Auf dem »Heuschreckenhügel« (*chapulín-tepec*) hatte Aztekenkaiser Montezuma II. seinen Sommerpalast.

1783 wurde das ****Castillo de Chapultepec** erbaut, das Kaiser Maximilian 1865 zur Residenz erhob. Wohn- und Repräsentationsräume sind Teil des von Präsident Lázaro Cárdenas (1934 bis 1940) gegründeten **Museo Nacional de Historia,** das in 20 Sälen die Geschichte von der Eroberung bis zur Revolution dokumentiert. Bei klarer Sicht reicht der Blick von der Schlossterrasse über die Stadt hinweg bis zu den Vulkanen.

Knapp unterhalb des Schlosses befindet sich, gewunden wie eine Schnecke, die **Galería de Historia ⑰**, in der Dioramen die Historie vom Unabhängigkeitskampf (1810) bis zur Revolution der Jahre 1910–1917 lebendig werden lassen.

Das »Denkmal für die jugendlichen Helden«, **Monumento a los Niños Héroes ⑱**, ehrt die Kadetten, die sich 1847 bei der Erstürmung des Hügels durch amerikanische Truppen in den Tod gestürzt haben, um sich nicht ergeben zu müssen.

In Richtung der **Fuente de Petróleos,** einem Brunnen am Westende des Parks, liegt ein gutes Restaurant, das **Del Lago** (Tel. 55 15 95 86; Reservierung erforderlich; ○○○).

Nördlich des Chapultepec-Parks beginnt der vornehme Stadtteil **Polanco** mit repräsentativen Villen im spanischen Kolonialstil. Zwischen den Straßen Reforma und Presidente Masaryk liegen die teuersten Hotels, die elegantesten Boutiquen von Dior bis Bulgari und die edelsten Restaurants, zum Teil in noblen Jugendstilvillen.

Gut und günstig essen kann man z. B. im **México Mágico** (Masaryk 360, Tel. 52 81 03 28), exklusiv wohnen im **Habita** (Masaryk 201, www.hotelhabita.com; ○○○).

Zona Rosa und Condesa

Karte Seite 45

Die **Zona Rosa** wartet mit einem bunten Angebot für vielerlei Geschmäcker und (fast) jeden Geldbeutel auf. Zwischen den Straßen **Reforma, Sevilla, Insurgentes Sur** und **Chapultepec** finden sich Fußgängerzonen und Straßencafés, Diskos und Nachtklubs, Restaurants und gute Hotels.

Südwestlich des Parque España liegt die **Colonia Condesa**, das In-Viertel der jungen Reichen. V. a. in der Avenida Michoacán und im Dreieck Michóacan, Tamaulipas, Nuevo León reihen sich Szenerestaurants und Bars aneinander. Außergewöhnlich: das Design-Hotel »Condesa DF« (Veracruz 102, www.condesadf.com, ○○○).

Weg 3

Von Coyoacán nach Süden

*Coyoacán

Eine völlig andere Welt inmitten der Metropole öffnet sich in Coyoacán, einst vor den Toren der Stadt gelegen und heute beliebtes Wohnviertel von Künstlern und Intellektuellen. Hier hatte der Eroberer Cortés eine Villa (Casa Cortés; heute Rathaus) an der **Plaza Hidalgo ⓳**, ein paar Straßen weiter steht das Haus seiner Geliebten Malinche, die **Casa Colorada.**

Zentrum ist, wie in jeder Kolonialstadt, der Platz vor der Kirche **San Juan Bautista** aus dem 16. Jh. An die Plaza schließt sich der **Jardín del Centenario** (»Jahrhundertpark«) an. Beliebte Studentenkneipen, oft mit Livemusik, gut sortierte Buch- und Musikläden, Theater, gemütliche Straßencafés, traditionelle Restaurants, das beste Eis der Stadt, ein Markt und üppige Blütenpracht sorgen für die besondere Atmosphäre im Viertel.

★ Kneipe, Bar, Restaurant und einen Raum für Theater oder Lesungen bietet der beliebte Treffpunkt in Coyoacán **El Hijo del Cuervo,** Centenario 17, direkt am Jardín Centenario.

Die volkskundlichen Ausstellungen im **Museo Nacional de Culturas Populares ⓴** (Hidalgo 289; Di–Do 10–18, Fr bis So 10–20 Uhr) sind einen Besuch wert, ebenso das bewegende ***Museo Frida Kahlo ㉑**, Londres 247, im Wohnhaus der Malerin und ihres Ehemanns Diego Rivera, der den Garten mit präspanischer Kunst gestaltet hat. Küche, Atelier und Schlafzimmer verraten viel über die Künstlerin (s. S. 26; Di–So 10 bis 18 Uhr). Dem Ehepaar verbunden war Leo Trotzki, dessen Haus, **Museo Léon Trotzky ㉒**, einer Festung ähnelt; 1940 wurde er dort ermordet (C. Rio Churubusco 410; Di–So 10–17 Uhr).

Rivera-Sammlungen

Zur Fortsetzung des Weges im Süden der Stadt bietet sich das ***Museo Anahuacalli** an. Diego Rivera hat es für seine reiche Sammlung präspanischer Kunst selbst entworfen (C. Museo 150, Di–So 10–18 Uhr).

★ Die größte Privatsammlung mit Werken von Rivera und Kahlo zeigt in einer zauberhaften Hacienda das ****Museo Dolores Olmedo Patiño** (Av. México 5843; Di–So 10–18 Uhr).

Cuicuilco – Insurgentes Sur

Wer mit dem Auto oder Taxi unterwegs ist, kann auf der Rückfahrt eine Reihe von Stopps einlegen. Andernfalls las-

***Mexiko-Stadt

Lebensbaum aus Metepec

Hauptanziehungspunkt des Kolonialstädtchens ist der **Bazar Sábado,** der Samstagsmarkt rund um die Plaza San Jacinto mit Kunsthandwerk aus allen Regionen Mexikos (auch naive Malerei). In einem Patiohaus, umgeben von Kunsthandwerksläden, kann man hier frühstücken oder mittagessen (Büffet), sogar mit handgeklopften Tortillas; ○○.

Karte Seite 45

Ein edles Ambiente pflegt das Luxusrestaurant **San Angel Inn** (C. Altavista, Tel. 6 16 22 22; ○○○).

sen sich die Sehenswürdigkeiten entlang der 40 km langen Straße Insurgentes in umgekehrter Richtung mit einem Bus (ab Zona Rosa) ansteuern.

Über die Schnellstraße Periférico, vorbei am Estadio Azteca, gelangt man zur **Rundpyramide von Cuicuilco,** einem einzigartigen Beispiel für präklassische Plattformbauten (5./6. Jh. v. Chr.) mit 100 m Durchmesser und 18 m Höhe. Bei einem Vulkanausbruch um die Zeitenwende wurde sie völlig mit Lava überdeckt (Archäologisches Museum; Di–So 10–17 Uhr).

Aus einem riesigen Lavafeld, westlich der Insurgentes, wuchs Mexikos architektonisch modernstes Wohngebiet, **Jardínes del Pedregal,** in die Höhe. Östlich liegt das Kulturzentrum der Universität mit einem Skulpturenpark.

Die *Ciudad Universitaria, Sitz der Nationaluniversität (UNAM), an der rund 300 000 Studenten eingeschrieben sind, wurde in den 1950er Jahren von zahlreichen Künstlern mitgestaltet. Furore machte der *Bücherturm mit fassadenfüllenden Mosaikbildern von Juan O'Gorman. Ein Wandgemälde von Siqueiros schmückt das Rektorat. Diego Rivera gestaltete am 1952 fertig gestellten **Olympiastadion** (westlich der Insurgentes) ein Fresko.

*San Angel (stadteinwärts) besitzt ein Karmeliterkloster und die Kirche **El Carmen** (1615).

Schräg gegenüber liegt das **Museo Casa Estudio Diego Rivera y Frida Kahlo,** in dem die Künstler wohnten (Di–So 10–18 Uhr). Vorbei am Rundbau des **Teatro Insurgentes** mit einem Mosaik von Diego Rivera zur Ge-

Weg 3
- ⑲ Plaza Hidalgo
- ⑳ Museo de Culturas Populares
- ㉑ Museo Frida Kahlo
- ㉒ Museo Léon Trotzky

Eines der schönsten Sonntagsvergnügen: Bootfahren in Xochimilco

schichte des mexikanischen Theaters, gelangt man zum *Polyforum Cultural Siqueiros am Fuß des World Trade Center. Die zwölf Bilder der Außenwände, an denen 30 Künstler mitge-

arbeitet haben, und das mehr als 2000 m² große plastische Gemälde von Siqueiros im Hauptsaal des Kulturzentrums haben den »Weg der Menschheit« zum Thema.

Weg 4

Sehenswertes im Norden

Die Attraktionen im Norden der Stadt liegen auf dem Weg nach Teotihuacan (s. S. 51). Am Nordende des Paseo de la Reforma liegt die *Plaza de las Tres Culturas (»Platz der drei Kulturen«). Auf den Fundamenten der ersten Kultur, einem aztekischen Zeremonialbezirk, entstand das koloniale Franziskanerkolleg Santiago Tlatelolco (1609). Das Hochhaus des ehemaligen Außenministeriums ist Teil des modernen Stadtviertels Nonoalco-Tlatelolco. 1968 kam es hier zum Massaker von Tlatelolco (s. S. 21).

In Verlängerung der Reforma führen Calzada Misterios sowie Calzada Guadalupe zum berühmtesten und größten Heiligtum Lateinamerikas, der **Basílica de Nuestra Señora de Guadalupe** (Ⓜ La Villa-Basílica). 1533 errichtete man eine Kapelle am Fuß des Hügels, auf dem zwei Jahre zuvor dem Indianer Juan Diego die Jungfrau Maria in Gestalt einer indianischen Prinzessin erschienen war. Ihr Bild im ovalen Strahlenkranz verblieb auf seinem Umhang aus Maguey-Fasern, der seitdem als Gnadenbild verehrt wird. Im 18. Jh. entstand die Basilika, doch ihre Fundamente sanken so bedrohlich ab, dass sie jahrelang geschlossen blieb. 1976 wurde die moderne Basilika daneben eröffnet (Platz für 20 000 Menschen). Ein Förderband führt die Gläubigen am Bildnis der *Virgen Morena,* der Braunen Jungfrau, vorbei (s. S. 16).

Sonntags in Xochimilco

Hier seufzt ein Mariachi-Sänger für ein Pärchen von Liebe und Sehnsucht, dort begleiten schmetternde Trompeten mit fröhlichsten Weisen eine Geburtstagsfeier, und überall singen die Zuhörer begeistert mit. Garküchen, Blumen- und Souvenirverkäufer machen den Umsatz der Woche – und zwar auf schwankenden Planken von Booten. Schauplatz der heiteren Feiern ist Xochimilco, an Wochenenden bevorzugtes Ausflugsziel der Mexikaner. Auf knallig bemalten Booten *(trajineras)* finden ganze Großfamilien Platz. Mit einem langen Stab steuern die Bootsführer die Gefährte durch die Kanäle, vorbei an den *chinampas,* den schwimmenden Inselgärten, wie sie einst die Azteken auf geflochtenen Matten im Texcoco-See angelegt hatten.

***Mexiko-Stadt

Infos

Secretaría de Turismo, Presidente Masaryk 172 (Ecke C. Hegel), Col. Polanco, Tel. (55) 30 02 63 00 (24-Std.-Service). **Infotur** (Hotline) Tel. (0 18 00) 9 87 82 24, www.visitmexico.com

Das Touristenbüro der Stadt hat zahlreiche Infobüros, u. a. am Anthropologischen Museum und vor der Kathedrale (Tel. 55 53 19 01, www.mexicocity.gob.mx).

Flughafen: Aeropuerto Internacional **Juárez,** 13 km vom Stadtzentrum; Taxis ins Zentrum s. u.

Abfahrtsstellen der Überlandbusse:
- **T. A. N.** (Terminal del Norte, Ⓜ; Av. de los 100 Metros 4907), Teotihuacan, Tula, Nordmexiko, USA
- **Terminal Indios Verdes (Ⓜ),** Teotihuacan und nördliche Vororte
- **T. A. P. O.** (Terminal del Oriente; Calz. Ignacio Zaragoza 200, Ⓜ San Lázaro), Puebla, Oaxaca, Mérida
- **T. A. S.** (Terminal del Sur; Av. Tasqueña 1230, Ⓜ Tasqueña), Taxco, Acapulco
- **T. A. P.** (Terminal del Poniente; Av. Sur 122, Tacubaya, Ⓜ Observatorio), Toluca, Morelia

Metro (Ⓜ, U-Bahn): Sie verkehrt werktags 6–0.30 Uhr, Sa 6–1.30 Uhr, So 7–0.30 Uhr. Koffer und sperrige Lasten dürfen nicht transportiert werden! Zu Hautverkehrszeiten sollte man sie wegen des Andrangs meiden.

Colectivos: Diese Mini- oder größeren Busse sind auf festen Routen unterwegs.

Taxis: Flughafentaxis – Tickets vorab am Schalter kaufen. Die Preise sind nach Entfernung gestaffelt.
- Die frei zirkulierenden meist **grünen Taxis** (darunter die letzten VW-Käfer) haben Taxameter, die allerdings nicht

Hier gibt es herrliche Süßigkeiten

immer funktionieren. Leider gerieten diese Taxis durch Überfälle auf Fahrgäste in Verruf.
- **Sitio-Taxis** (rot) verlangen höhere Preise. Man kann sie an ihrem Standplatz *(sitio)* telefonisch vorbestellen.
- **Limousinen** vor den Hotels; Fahrer sprechen meist Englisch, teuer, Preis im Voraus aushandeln (im Hotel die üblichen Tarife erfragen).

Die ersten beiden Hotels befinden sich im **Centro histórico,** die weiteren in den Stadtteilen **Zona Rosa – Reforma – Chapultepec:**
- **Sheraton Centro Histórico,** Avenida Juárez 70, Tel. 55 18 24 94, www.starwood.com. Edles Design, neueste Technologie, Gourmetrestaurant. Direkt am Alameda-Park. ○○○
- **De Cortés** (Best Western), Hidalgo 85, Tel. 55 18 21 81, www.hoteldecortes.com.mx. Schöner Kolonialbau (17. Jh.) mit 29 Zimmern. Im Patio jeden Samstag *fiesta.* ○○○
- **Camino Real,** Mariano Escobedo 700, Tel. 52 63 88 88, www.caminoreal.com/mexico. Das traditionell beste Haus in moderner Architektur;

***Mexiko-Stadt

Swimmingpool, Gourmetrestaurant »Le Cirque«. ○○○
- **Four Seasons,** Reforma 500, Tel. 52 30 18 18, www.fourseasons.com/mexico. Luxus im Kolonialstil rund um einen Patio; Sonnendeck und Pool auf dem Dach. ○○○
- **Marquis Reforma,** Reforma 465, Tel. 52 29 12 00, www.lhw.com. Gediegen-elegantes First-Class-Hotel mit großzügigem Wellness-Bereich. Bar mit Livemusik. ○○○
- **La Casona,** Durango 280, Tel. 52 86 30 01, www.mexicoboutiquehotels.com. 29 Individuelle Zimmer in einem eleganten Wohnhaus in der schicken Zona Condesa. ○○

- **Café Tacuba,** Tacuba 28 (Centro), Tel. 55 18 49 50. Gute mexikanische Küche, Kolonial-Ambiente. ○○
- **Hostería de Santo Domingo,** B. Domínguez 72, nahe der Kathedrale, Tel. 55 26 52 76. Gute traditionelle Küche. ○○
- **Fonda el Refugio,** Liverpool 166, Zona Rosa, Tel. 55 25 81 28. Die besten *moles* der Stadt und andere traditionelle Gerichte. ○○
- **Restaurante Bar Chon,** Regina 160, nahe Merced-Markt, Tel. 55 42 08 73, Mo–Sa 11–19 Uhr. Hervorragende altmexikanische Küche (z. B. *gusano*-Würmer); einfaches Lokal. ○

Kunsthandwerk bekommt man auf den Märkten, z. B. auf dem **Mercado Londres** (Zona Rosa), dem **Mercado Ciudadela** (Ⓜ Balderas) und dem **Bazar Sábado** (San Angel; Sa).
- Die staatl. Gesellschaft **FONART** zur Förderung des Kunsthandwerks hat Geschäfte in der Juárez 89 (Zentrum) und am Paseo de la Reforma 116.
- Mehrsprachige Veröffentlichungen zu Kunst und Kultur führen die Buchläden im **Anthropologischen Museum** und im **Palacio de Bellas Artes.**

Tour 1

Mexikos Vielfalt im Brennglas

**Tula → *Tepotzotlán → ***Teotihuacan → **Cacaxtla → *Tlaxcala → **Puebla → Vulkane → *Tepoztlán → *Cuernavaca → **Xochicalco → **Taxco → Toluca

Rund um die Metropole lockt eine Fülle von reizvollen Ausflugszielen. Mit Ausnahme von Strandfreuden ist hier Mexiko en miniature zu erleben – und zwar landschaftlich wie kulturell, von schneebedeckten Fünftausendern bis zu geheimnisvollen Höhlen. Vorspanisches, Koloniales und Hotelluxus der Gegenwart finden sich auf engstem Raum nebeneinander. Obligatorisch ist ein Besuch der Ruinenstätte Teotihuacan mit ihren eindrucksvollen Pyramiden. Hier gewinnt man einen Eindruck vom hohen Entwicklungsstand der prähispanischen Kulturen.

Ausflugs- und Routenvorschläge:
Teotihuacan (1 Tag), Tula/Tepotzotlán (1 Tag). Cacaxtla/Tlaxcala – Puebla/Cholula/Huejotzingo (3–5 Tage); (Popocatépetl – Cocoyoc – Tepoztlán –) Cuernavaca – Xochicalco – Taxco – Malinalco – Toluca (5–8 Tage).

 Reiseagenturen in Mexiko-Stadt bieten **organisierte Touren** an. Alle Ziele sind außerdem mit öffentlichen Bussen zu erreichen, zu den näher gelegenen fahren auch Taxis (Preis unbedingt vorher aushandeln!). Für eine mehrtägige Reise rund um die Hauptstadt empfiehlt sich die Buchung eines Mietwagens.

**Tula → ***Teotihuacan → **Puebla → **Taxco → Toluca   Tour 1

**Tula ❶

Die einstige Hauptstadt der Tolteken (9. Jh.–1168) ist knapp 90 km von Mexiko-Stadt entfernt. Nach Verlassen der Autopista Richtung Querétaro (Ausfahrt Tula) fährt man eine wüstenähnliche Landschaft mit Kakteen und Agaven als herbschöner Kulisse. Die archäologische Zone liegt 1,5 km außerhalb des ruhigen Ortes. 4,60 m hohe ****Steinatlanten** ragen imponierend in den Himmel, einst jedoch trugen sie das Dach der **Quetzalcóatl-Pyramide** (Morgensterntempel). Die hervorragend gearbeiteten Säulenskulpturen stellen Krieger in Rüstung dar. An den Wänden und Fundamenten auch der anderen Pyramiden sind schöne Reliefs von Adlern, Jaguaren und Schlangen zu sehen.

Tula – der Ort, an dem sich Mythos und Geschichte mischen (s. S. 24) – hatte die Azteken so beeindruckt, dass sie sich zu Nachfahren der Tolteken erklärten. Ein kleines Museum dokumentiert die Ausgrabungen und präsentiert ausgewählte Fundstücke (tgl. 9–17 Uhr).

*Tepotzotlán ❷

Der Ausflug nach Tula lässt sich gut kombinieren mit einem Besuch dieses beschaulichen Städtchens am Rande (45 km) von Mexiko-Stadt. Hauptattraktion des beliebten Wochenendausflugsziels ist die Kirche **San Francisco Xavier** mit einer überreichen churriguereskken Fassade, einem schwelgerisch mit Gold dekorierten, holzgeschnitzten Altar und bunt bemalten Engelsfiguren im ****Schrein** (Camarín) der Jungfrau von Loreto. Zu erreichen ist sie am Ende des Rundgangs durch das ****Museo del Virreinato** in einem Jesuitenkolleg (16. Jh.).

Fassade der Kirche San Francisco Xavier

In dem weitläufigen Gebäude (über 40 Räume) sind u. a. Schätze der Sakralkunst ausgestellt. Zwischen dem 13. und 23. Dezember ist der Patio des Museums Schauplatz vorweihnachtlicher Krippenspiele, der *Posadas* (s. S. 31). Di–So 9–18 Uhr.

Hostería del Convento. In einem Hof des Klosters werden regionale Spezialiäten serviert. ○○
▌ Viele Restaurants am Zócalo.

 ***Teotihuacan ❸

Die Azteken entdeckten die Überreste der längst verlassenen Stadt und nannten sie Teotihuacan, »der Ort, an dem die Menschen zu Göttern werden«. Noch die Spanier schwärmten von vergoldeten Heiligtümern auf den Pyramiden. Von der einstigen dekorativen Pracht ist heute nicht mehr viel zu sehen, doch die Anlage gibt in ihrer Gesamtheit einen großartigen Eindruck von der harmonischen Planung dieser frühen Metropole mit 200 000 Einwohnern.

Herausragender Mittelpunkt der Ruinenstätte ist die 65 m hohe *****Sonnenpyramide.** Die 46 m hohe

**Tula → ***Teotihuacan → **Puebla → **Taxco → Toluca   Tour 1

Mondpyramide bildet den nördlichen Abschluss der 5 km langen, schnurgeraden Calzada de los Muertos, von der etwa 2 km wieder hergestellt sind. Diese »Straße der Toten« – 43 m breit – führt vorbei an den bedeutendsten Ausgrabungen, darunter Fundamente von engen Wohnungen für die Massen sowie kostbar mit Wandgemälden und Skulpturenornamenten ausgestattete Paläste wie der ***Palacio del Quetzalpapálotl (»Palast des Quetzalschmetterlings«).

Im Komplex der Zitadelle (La Ciudadela) liegt die ****Pyramide des Quetzalcóatl** mit kunstvoller Fassade aus Schlangenskulpturen und Masken des Regengottes Tláloc.

Jüngste Funde, vor allem unter der Mondpyramide, geben neue Aufschlüsse über die politische Organisation, den Einfluss des Stadtstaates, der bis in die Maya-Region und an die Golfküste reichte, sowie darüber, dass auch in Teotihuacan Kriege geführt und Gefangene geopfert wurden.

Autofahrer können auf der Ringstraße *(circunvalación)* verschiedene Zugänge und Parkplätze ansteuern, von denen die außerhalb liegenden Palastruinen **Tepantitla, Tetitla** sowie **Atetelco** mit ihren Murales bequem erreichbar sind; sonst lange Fußwege (Sonnenhut mitnehmen!).

Lohnend sind die beiden Museen **Museo de Sitio**, südlich der Sonnenpyramide, und **Museo de la Pintura Mural Teotihuacana** zur einzigartigen Wandmalerei der Stätte, westlich der Mondpyramide (beide tgl. 8–18 Uhr).

Anfahrt: Ab Mexiko-Stadt Autobahn Richtung Pachuca, ca. 50 km
Busverbindung: Mexiko-Stadt (T. A. N. oder Indios Verdes)

Die Steinatlanten von Tula

Villas Arqueológicas (Club Med), Tel. (594) 9 56 09 09, www.teotihuacaninfo.com. Schönes, jüngst renoviertes Hotel im Hazienda-Stil, nur 5 Gehminuten vom Haupteingang der Ruinenstätte nahe den Pyramiden gelegen. ○○

La Gruta, an der Ringstraße, Tel. (594) 96 01 27, 11–19 Uhr. In dieser natürlichen Höhle werden Spezialitäten wie *mixiote* (in Maisblättern gedünstetes, pikant gewürztes Fleisch) serviert. ○○

▪ An der Ringstraße gibt es noch eine Reihe weiterer Restaurants.

Nach **Cacaxtla und *Tlaxcala

Die Ausfallstraße Calzada de Zaragoza in Mexiko-Stadt geht über in die Autopista nach Puebla, die bis auf 3000 m ansteigt. Wenn dann die Vulkane **Popocatépetl** und **Iztaccíhuatl** im Südosten auftauchen, ist die Begeisterung der frühen Forschungsreisenden über dieses Panorama zu verstehen.

San Martín Texmelucan heißt die Ausfahrt für den lohnenden Umweg zur archäologischen Zone von ****Cacaxtla** (120 km). In hügeliger Landschaft ragt eine Pyramide heraus, von einem monströsen Dach bedeckt – zum Schutz der einzigartigen Wandmalereien, die 1974 entdeckt wurden. Das **Mural de la Batalla** (»Schlachtengemälde«) in leuchtendem Blau schildert eine Schlacht zwischen Jaguar- und Adlerkriegern; der Stil erinnert an die Maya-Bilder von Bonampak. Weitere Gemälde thematisieren den Regengottkult. Kleines Museum mit kostbaren Funden aus jüngster Zeit (tgl. 10–17 Uhr). Wer gut zu Fuß ist, kann über Feldwege zur benachbarten Zone **Xochitécatl** gelangen.

Karte Seite 54

Tour 1 Mexikos Vielfalt im Brennglas

Die Capilla del Rosario in Puebla

Busverbindung: Tlaxcala, Nativitas (Puebla)

*Tlaxcala ❹ (130 000 Einw., 20 km von Puebla), die Hauptstadt des gleichnamigen Bundesstaates, ist eine verträumte koloniale Kleinstadt mit angenehmer Atmosphäre rund um den baumbestandenen Zócalo. Farbenprächtige Murales zur Geschichte der Stadt und zum Schicksal der Tlaxcalteken bis zur Eroberung überziehen die Wände des **Palacio de Gobierno,** während die Kirche **San Francisco** (1521 geweiht) mit einer geschnitzten Kassettendecke aus Zedernholz aufwartet. Ein Meisterwerk mexikanischer Barockkunst ist das **Santuario de la Virgen de Ocotlán** (18. Jh.). Zuckerbäcker könnten sich die Stuckornamentik der roten Kachelfassade zum Vorbild nehmen.

**Puebla ❺

Der 1531 als Handelsstützpunkt zwischen Veracruz und Mexiko-Stadt gegründete Ort (110 km von D. F.) erlangte bald politische, wirtschaftliche, geistige und nicht zuletzt strategische Bedeutung. An die siegreiche Schlacht gegen die Franzosen (5. Mai 1862) vor den Toren der Stadt erinnert der Nationalfeiertag am 5. Mai. Heute ist die fünftgrößte Stadt Mexikos (2160 m; 1,8 Mio. Ew.) eines der wichtigsten Industriezentren.

Altstadtspaziergang

Im Zentrum hat sich das »Rom Mexikos« seinen kolonialen Charakter bewahrt. Für einen Tag empfehlen sich folgende Sehenswürdigkeiten:

Die 1649 geweihte *Kathedrale, die zweitgrößte Mexikos, mit 70 m hohen Türmen, geschnitztem Chorgestühl, Marmorsäulen, kostbaren Altären und Gemälden in 14 Kapellen beherrscht den schattigen Zócalo.

Überschwänglich ausgestattet ist die *Capilla del Rosario in der Iglesia Sto. Domingo, ein Musterbeispiel des mexikanischen Barock mit reicher Goldverzierung und fröhlichen Putten.

Schätze vorspanischer Kulturen Mexikos zeigt das private *Museo Amparo in einem restaurierten Hospital der Kolonialzeit. Erläuterungen zu einzelnen Objekten sind über Monitore abrufbar (tgl. außer Di 10–18 Uhr).

Der Volkskunst aus dem Staat Puebla ist das *Museo de Arte Popular Poblano im ehemaligen Convento Santa Rosa (auch Museo de Santa Rosa) gewidmet. Die berühmten *Talavera*-Kacheln, Glas, Textilien, Schnitzereien, Spielzeug und vieles mehr werden hier liebevoll präsentiert. In der Klosterküche soll die pikante Schokoladensoße *mole poblano* erfunden worden sein.

Auch der **Convento de Santa Mónica** hat seine Geschichte: Dort konnte ein Nonnenorden nach der Schließung aller Klöster 1857 mit Hilfe der Nachbarn 77 Jahre lang ein geheimes Klosterleben führen.

**Tula → ***Teotihuacan → **Puebla → **Taxco → Toluca   Tour 1

In der Kapelle des Erzbischöflichen Palais (heute *Casa de la Cultura*) wurde im 17. Jh. die prachtvolle **Biblioteca Palafoxiana** eingerichtet.

Eine reiche Stuckfassade ziert die ***Casa del Alfenique** (»Zuckerbäckerhaus«; Sitz des Museo del Estado mit Kunstwerken und Dokumenten zur Geschichte des Staates).

Auf dem Markt **El Parian** gleich neben dem Museum finden sich Souvenirs aller Art: Witziges und Kitschiges, Kurioses und Kunstvolles.

Staatliches Büro, Av. 5 Ote, 3, Tel. (222) 2 46 20 44.
■ **Städtisches Infobüro** am Zócalo neben dem Rathaus.

Busbahnhof: Blvd. Norte/Carmen Serdán. Alle Richtungen.

Camino Real Puebla, 7 Poniente 105, Tel. 2 29 09 09, www.caminoreal.com/puebla. Umgebautes Kloster im Zentrum mit idyllischem Innenhof. ○○○
■ **Holiday Inn Centro Historico,** 2 Oriente 211, Tel. 2 23 66 00, www.ichotelsgroup.com. Solider Komfort in historischen Mauern. ○○
■ **Hotel Royalty Centro,** Portal Hidalgo 8, Tel. 2 42 47 40, royalty@prodigy.net.mx. Kolonialpalast mit fröhlichen Farben in angenehmen Zimmern; populäres Restaurant. ○

Fonda Santa Clara, Av. 3 Pte. 307 und Av. 3 Pte. 920 (Filiale), Tel. 2 42 26 59. Traditionelle Küche mit ausgezeichnetem *mole poblano;* sehr beliebt, mittags Reservierung empfohlen. 8–22 Uhr. ○○○
■ **La Princesa,** am Zócalo; Tel. 2 32 11 95, geöffnet von frühmorgens bis spätabends. Unbedingt probieren sollte man hier die *tacos arabes.* ○○

■ **Del Parian,** 2 Oriente/6 Norte, Tel. 2 46 19 68. Mit Kunsthandwerk dekoriertes Familienrestaurant; Spezialitäten wie z. B. *pipian,* eine grüne Soße aus Chili, Kürbiskernen, Erdnüssen, Sesamsamen u. a. Zutaten. ○

Centro Cultural Espacio 1900, 2 Oriente 412. Café, Theater, Galerie, Livemusik.
■ **Café del Artista,** Plazuela del Torno, 8 Norte 410 (am Teatro Principal). Kleine Kneipe mit Livemusik.
■ In der **Calle del Sapo** machen sich zahlreiche Kneipen und Bars mit preiswerten Drinks und lauter Musik Konkurrenz.

Ausflüge von Puebla

Das bedeutendste Heiligtum von ****Cholula** (55 000 Einw.; 16 km) war die Quetzalcoátl geweihte ****Tepanapa-Pyramide,** die alle 52 Jahre überbaut wurde. Die Spanier zerstörten sie und setzten auf den Gipfel des Ruinenberges eine Kirche. Archäologen trieben einen Tunnel durch den Berg, von dem aus die Überbauungen zu erkennen sind. An der Südseite wurde ein Zeremonialzentrum mit Plattformen, Treppen und Altären freigelegt, an der Westseite eine Treppe rekonstruiert.

Das **Museum** erklärt den Aufbau der Pyramide; Kopie zweier hinreißender Wandgemälde.

365 Kuppeln sollen die Kirchen von Cholula haben, allein 49 hat die **Capilla Real** am Hauptplatz. 5 km außerhalb liegt die prächtige Kirche ***Santa María Tonantzintla** im fröhlich-mexikanischen Barock. Großartig ist die Kachelfassade der Kirche ***San Francisco Acatepec** (2 km weiter), die im Innern weiß und golden schimmert (beide Kirchen 8–13 und 16–18 Uhr).

Plan **Tour 1**

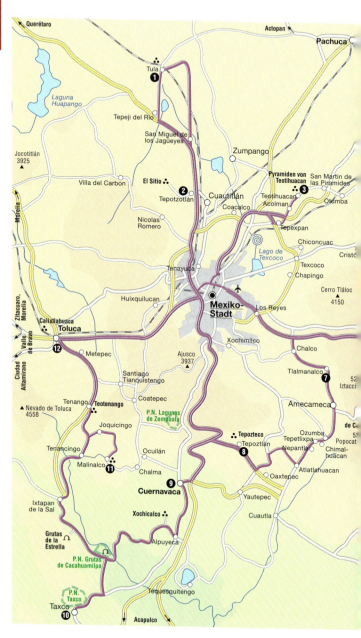

**Tula → ***Teotihuacan → **Puebla → **Taxco → Toluca   Tour 1

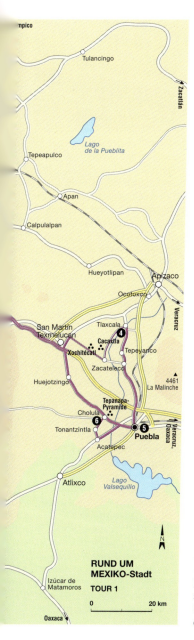

RUND UM MEXIKO-Stadt
TOUR 1
0   20 km

Den Vulkanen entgegen

Wer die Tour weiter nach Süden ausdehnen will, verlässt bei Chalco die Autopista. Das **Valle de Chalco** zu Füßen der Vulkane **Popocatépetl** und **Iztaccíhuatl** eröffnet Möglichkeiten zum Wandern, Reiten oder sogar Motocross in lieblicher Landschaft.

Ozumba, Chimalhuacan, Tepetlixpa und **Nepantla** (Geburtsort von Sor Juana Inés de la Cruz, s. S. 25) sind Dörfer, deren Kirchen, Klöster, Offene Kapellen und Märkte einen Abstecher lohnen. Eines der schönsten Beispiele der Offenen Kapellen verbirgt sich in **Tlalmanalco ❼**. Dort haben Steinmetze ein Ensemble von fünf Steinbögen mit Skulpturen geschmückt (16. Jh.).

Amecameca ist Ziel vieler Wallfahrer (Iglesia Sacromonte mit schönem Vulkanpanorama). Sonntags findet ein farbenfroher Indianermarkt statt.

Ob man Zugang zu den Vulkanen hat – eine Gipfelbesteigung ist nur geübten Bergsteigern möglich –, hängt von der aktuellen Aktivität des Popocatépetl ab. Immer wieder macht er sich mit Ascheregen und lauten Explosionen bemerkbar (Infos unter www.cenapred.unam.mx/cgi-bin/popo/mvolcan.cgi).

*Tepoztlán ❽

Zwischen bizarren Felsformationen liegt dieses Dorf mit seinen steilen Gassen und netten (Wochenend-)Häusern. Sonntags gehört die Aufmerksamkeit der Besucher weit mehr dem großen Markt, als dem Dominikanerkloster daneben. Sehenswert ist auf jeden Fall das **Museum für vorspanische Kunst**. Der kleine Tempel hoch über dem Ort (steiler Aufstieg, herrliche Aussicht) war dem Pulquegott Tepoztecatl geweiht. Das Fest zu seinen Ehren (7. Sept.) ist das wichtigste lokale Ereignis, das mit viel *pulque* (gegorener Agavensaft) begossen wird.

Die **Hacienda Cocoyoc,** 10 km östlich von Tepoztlán, ist der ideale Ort zum Ausspannen. Die ehemalige Zuckerhazienda ist eines der schönsten Spa-Hotels in Mexiko mit weitläufigen Gärten unter knorrigen alten Bäumen und einem Swimmingpool. Die Ländereien gehörten einst Hernán Cortés, der Landsitz wurde 1560 erbaut. Tel. (735) 3 56 22 11, www.cocoyoc.com.mx. ○○○

*Cuernavaca ❾

Die »Stadt des ewigen Frühlings« (1542 m; 600 000 Einw.) ist von Mexiko-Stadt (80 km) aus direkt auf der Autobahn oder über die kurvenreiche Landstraße 95 zu erreichen. Inmitten einer fruchtbaren Agrarregion gelegen, charakterisieren ein ausgesprochen mildes Klima, üppige Vegetation und reizvolle Gartenhotels das Stadtbild. Die »Sommerfrische« der hauptstadtmüden *chilangos* ist jedoch inzwischen selbst eine Großstadt.

Kleinstädtisch träumt Cuernavaca noch rund um den Zócalo **(Jardín de los Héroes).** Er wird flankiert vom Gouverneurspalast im kolonialen Stil (1967) sowie vom **Palacio de Cortés** (1530), der das Regionalmuseum beherbergt. Diego Rivera schuf die *Fresken in der Loggia zur Geschichte der Region.

Westlich vom Zócalo ragt die **Kathedrale** aus dem 16. Jh. auf. Bei Restaurierungsarbeiten kamen Fresken zum Vorschein, die vom Versuch der Franziskaner erzählen, Japan dem Christentum zu unterwerfen (samstags Mariachi-Messen).

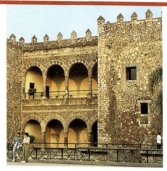

Der Mexiko-Eroberer Cortés ließ sich 1530 diesen Palast erbauen

Den **Jardín Borda,** einen Garten mit Brunnen, Teichen und Freilichttheater, hatte Taxcos Silberbaron José de la Borda im 18. Jh. anlegen lassen.

In Cuernavaca gibt es renommierte **Sprachschulen.** Infos: Verkehrsbüro Frankfurt; s. S. 100.

Av. Morelos Sur 187, Tel. (777) 3 14 38 72, www.morelostravel.com. Mo–Fr 10–12, 16–18 Uhr, Sa/So 10–16 Uhr.

Busbahnhof: Av. Morelos (Estrella Blanca nördlich, Estrella de Oro südlich vom Zentrum

Las Mañanitas, Ricardo Linares 107, Tel. 3 62 00 00, www.lasmananitas.com.mx. 19 Suiten, Garten und Gourmet-Restaurant. ○○○
▪ **Misión del Sol Resort & Spa,** Av. Gral. Diego Díaz Gonzales 31, Tel. 3 21 09 99, www.misiondelsol.com. Ökologisch geführtes 5-Sterne-Wellnesshotel. ○○○

La India Bonita, Morrow 15, Tel. 3 18 69 67. Gute mexikanische Küche. ○○
▪ **Los Arcos,** Jardín de los Héroes 4, Tel. 3 12 44 86. Populär, preiswert und gut. ○

**Tula → ***Teotihuacan → **Puebla → **Taxco → Toluca   Tour 1

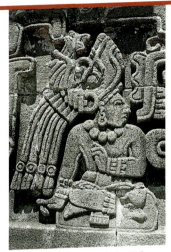

Xochicalco zeigt schöne Steinreliefs von Maya-Priestern

Ausflug
**Xochicalco (45 km), das »Haus der Blumen«, erlebte seine Blütezeit nach dem Untergang von Teotihuacan bis zum Aufstieg der Tolteken (700 bis 900 n. Chr.). Herausragende Bauwerke sind die »Pyramide der Gefiederten Schlange« mit Steinreliefs und die erst jüngst freigelegte Akropolis auf der Spitze des Berges (tgl. 10–17 Uhr; schönes Museum).

Auf kurvenreicher Strecke gelangt man in südwestlicher Richtung zu den ****Grutas de Cacahuamilpa,** einem großen Höhlensystem mit eindrucksvollen alten Tropfsteinformationen.

**Taxco ❿

Kurvenreich, enger und steiler wird die Straße, bis die 100 000-Einwohner-Stadt (1666 m; 110 km von Cuernavaca) mit ihren weißen Häusern auftaucht. Erbaut aus rosarotem Sandstein der Umgebung, zieht die Kirche ****Santa Prisca,** außen und innen ein Meisterwerk des churriguereskern Barock, sofort den Blick auf sich. Reizvoll ist ein Spaziergang durch die Kopfsteinpflastergassen, vorbei an Kirchen, dem bunten Markt und blumengeschmückten Kolonialhäusern.

An der idyllischen **Plaza Borda** (Zócalo) werden Körbe und bemalte Tierfiguren aus Holz verkauft. Zu den herausragenden Silber-Designern gehören **Los Castillo, Antonio Pineda, Tane** und **Spratling.**

Das spektakulärste Fest feiert man in der **Karwoche:** Einwohner der Stadt stellen die letzten Tage Christi dar, mit Büßerprozessionen und Kreuzigung, wobei sich christliche Rituale und präspanische Glaubensvorstellungen mischen (Hotel reservieren). Weitere Feste am 18. Jan. (Sta. Prisca), Silbermesse im Dezember.

Karte Seite 54

Bergbau und Design

1522 entdeckten die Spanier reiche Zinn- und Silberminen, die zuvor die Azteken ausgebeutet hatten. Die Minen waren bald erschöpft, die junge Stadt wurde verlassen. Mitte des 18. Jhs. stieß der Adelige José de la Borda auf eine Silbermine und stiftete aus Dank die Kirche Santa Prisca. Auch Bordas Silberminen waren irgendwann erschöpft; die Bergwerkstadt verarmte, bis 1930 der amerikanische Künstler William Spratling nach Taxco kam, eine Silberschmiede eröffnete und einen Boom auslöste. Heute gibt es rund 50 Werkstätten und mehr als 300 Läden. Ein Museum dokumentiert die Geschichte der Stadt und zeigt, was sich aus dem Edelmetall herstellen lässt.

Tour 1   Mexikos Vielfalt im Brennglas

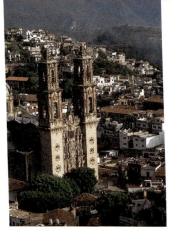

Taxco mit der Kirche Santa Prisca

Busverbindung: ab Av. Plateros

Monte Taxco, Lomas de Taxco, Tel. (762) 6 22 13 00, www.montetaxco.com.mx. Luxus im Kolonialstil oberhalb der Stadt (kleine Gondelbahn); schöne Aussicht, Gartenanlagen mit Golfplatz, Tennis, Pool; Reitmöglichkeiten. ❍❍❍
Posada de la Misión, Cerro de la Misión 32, Tel. 6 22 00 63, www.posadamision.com. Im Kolonialstil, beliebt bei Reisegruppen. Zimmer mit schönem Blick auf Taxcos Panorama. Mosaik-Mural von Juan O'Gorman am Pool. Gute Küche. ❍❍–❍❍❍
Los Arcos, Juan Ruiz de Alarcón 2, Tel. 6 22 18 36, Fax 6 22 79 82. Zentrale Lage; reizvolle Zimmer in den Mauern eines ehemaligen Klosters. ❍

Cielito Lindo, Plaza Borda 14, Tel. 6 22 06 03. Landesküche, viele Touristen. ❍❍
Bar Acerto, Plaza Borda 12, Tel. 6 22 00 64. Beliebt v. a. wegen des schönen Blicks auf den Zócalo. ❍❍
El Adobe, Plazuela de San Juan, Tel. 6 22 14 16. Regionale Küche, nette Atmosphäre. ❍

Auf dem Weg nach Toluca

Nach Acapulco sind es von Taxco noch 260 km (ca. 5 Std. auf der Straße 95; schneller über die teure Autopista). Für die Rückfahrt nach Mexiko-Stadt bietet sich eine landschaftlich reizvolle, gebirgige Strecke über Ixtapa del Sal (heiße Quellen) und Toluca mit einem Abstecher nach Malinalco an.

*Malinalco ⓫**.** Von der archäologischen Stätte hoch über dem Ort bietet sich ein großartiger Panoramablick auf ein von hohen Felswänden umrahmtes Tal. Der aztekische Haupttempel ist ein ungewöhnlicher Rundbau, der direkt aus dem Fels gehauen wurde. Kopflose Jaguarstatuen flankieren die Treppe zur **Casa del Sol.** Der Altar in ihrer Mitte hat die Form eines Adlers mit einer Vertiefung im Rücken: die Schale für menschliche Herzen, die vermutlich dem Sonnengott geopfert wurden.

Das nahe **Chalma** lebt vom Pilgerbetrieb rund um den tief verehrten »Señor de Chalma«. Häufig sind im Ort Tänze zu Trommeln und Flöten vor der Kirche zu erleben.

Auf der »Westroute« liegt kurz vor Toluca das Töpferdorf **Metepec,** in dem die in ganz Mexiko bekannten Lebensbäume hergestellt werden.

Toluca ⓬ (2670 m; 1 Mio. Einw.; 65 km von Mexiko-Stadt), die höchstgelegene und kälteste Stadt Mexikos, wird überragt vom Vulkan ***Nevado de Toluca** (4558 m; Auffahrt möglich). Sehenswert im Zentrum der modernen Industriestadt sind v. a. die Glasfenster der **Cosmovitral,** heute Jardín Botánico. Das **Centro Cultural Mexiquense** mit Museen zu Anthropologie und Geschichte (Di–So 10–18 Uhr) lohnt einen Abstecher (8 km) nach Westen. Beliebtes Wochenendziel: das hübsche Städtchen **Valle de Bravo** (70 km) an einem Stausee.

Tour 2

Auf der Straße der Unabhängigkeit

**Querétaro → **San Miguel de Allende → **Guanajuato → **Morelia → **Pátzcuaro-See → *Guadalajara → Aguascalientes → *Zacatecas → *San Luis Potosí

Die Kolonialstädtchen bezaubern auch durch ihre hübschen Gassen

Zentralmexiko gilt als Wiege der mexikanischen Nation. Hier begann der Kampf um die Unabhängigkeit, wurden entscheidende Schlachten während der Revolution geschlagen und 1917 die Verfassung entworfen. Einige Ortsnamen erinnern an die Helden des Unabhängigkeitskampfes. Zwischen bewaldeten Höhenzügen und kahlen Bergkuppen, weiten Ebenen mit fruchtbarem Ackerland und idyllischen Seen liegen die schönsten Kolonialstädte, die ihren einstigen Wohlstand dem (Silber-)Bergbau verdanken und heute vom Tourismus leben. Mit ihrem spanisch geprägten Stadtbild strahlen sie die Atmosphäre einer längst vergangenen Epoche aus. Hinter historischen Mauern verbirgt sich oft modernster Komfort. Einige der Hotels wurden in Kolonialpalästen oder in Haziendas eingerichtet. Die sorgsam restaurierten Ciudades Coloniales sind Orte zum Wohlfühlen.

**Querétaro ⓭

Durch die Nähe (220 km) zu Mexiko D. F. hat sich das Landwirtschaftszentrum (1850 m; 750 000 Einw.) rasant zu einer bedeutenden Industrie- und modernen Großstadt mit Universität entwickelt. Der historische (teils autofreie) Stadtkern lädt mit Prachtbauten, schattigen Plätzen wie der ***Plaza de la Independencia,** idyllischen Klosterhöfen und verspielten Brunnen zum Flanieren ein. Dokumente zur bewegten Stadtgeschichte zeigt das ***Museo Regional** im **Convento de San Francisco** am Jardín Obregón.

Unabhängigkeitsroute

In 5 bis 7 Tagen lässt sich die **Ruta de la Independencia** von Mexiko-Stadt über Querétaro, San Miguel de Allende, Guanajuato, Morelia und zurück via Toluca bewältigen. Eine »große« Rundfahrt schließt Guadalajara ein und kann nach Norden ausgedehnt werden zu den Bergbaustädten Aguascalientes, Zacatecas und San Luis Potosí. Empfehlenswert ist ein Mietwagen, doch sind alle Städte auch mit Bussen gut zu erreichen (Infos unter www.etn.com.mx).

Tour 2 Auf der Straße der Unabhängigkeit

Aufwändig skulptierte Steinfassaden, Balkone, blumengeschmückte Patios und Kacheldekorationen zieren die Kolonialpaläste, herausragend die **Casa de Ecala** und die **Casa de la Marquesa,** heute ein Hotel (s. u.).

Die Kirchen *Santa Rosa de Viterbo (Av. Gral. Arteaga), **Santa Clara** und **San Agustín** sowie der herrliche *Kreuzgang und Brunnen im angrenzenden Konvent, der das **Museo de Arte de Querétaro** beherbergt (Av. Pino Suarez), werden Kunstfreunde begeistern. Die 74 Rundbögen des *Aquädukts (1726–1738; 1200 m lang) an der Avenida Ejército Republicano sind nachts angestrahlt.

Auf dem Markt in Querétaro

⭐ Eine **historische Straßenbahn** startet täglich zur Stadtrundfahrt. Auskunft: Oficina de Turismo, Pasteur Norte 4, Tel. (442) 2 38 50 67, www.venaqueretaro.com

Busbahnhof: am östl. Stadtrand

🏠 **Casa de la Marquesa,** Av. Madero 41, Tel. (442) 2 12 00 92, www.slh.com. Kolonialhaus mit allem erdenklichen Komfort. ○○○
■ **Doña Urraca,** Calle 5 De Mayo 117, Tel. (442) 2 38 54 00, www.mexicoboutiquehotels.com. Charmantes Kolonialhaus mit Gourmet-Restaurant, Pool und Wellnessbereich. ○○○
■ **Mesón de la Merced,** Juárez 114, Tel. 2 14 14 98, Fax 2 14 14 99. Reizvoll renoviertes Haus mit Patio. Die Zimmer haben drei Ebenen. ○○

🍴 **San Miguelito,** Andador 5 de Mayo 39, Tel. 2 24 27 60. Restaurant mit Bar im Look einer alten Apotheke. Edles Ambiente, gute mexikanische Küche, Di–Sa 13–23, So 14–18 Uhr. ○○
■ **Meson el Chucho el Roto,** Pasteur Sur 16, Tel. 2 12 42 95. Ausgezeichnete mexikanische Küche in angenehmer Atmosphäre. ○○

🌙 Die populären Restaurants und Bars an der **Plaza de la Corregidora** bieten am Wochenende Livemusik und sind nachts lange geöffnet.

⭐ Rund 210 km östl. von Querétaro liegt die **Sierra Gorda,** ein einzigartiges Biosphärenreservat mit kulturellen Reichtümern. Die fünf barocken Franziskanermissionen zählen zum UNESCO-Welterbe.

San Miguel de Allende ⑭

Bei Querétaro beginnt das *Bajío,* die »Kornkammer Mexikos«, in der Weizen, Mais, Hirse, Gemüse und Obst angebaut werden. San Miguel de Allende (1920 m; 140 000 Einw.; 285 km) ist bei Mexikanern und Ausländern, bei Pensionären und Studenten gleichermaßen beliebt. Die malerische Lage an einem Berghang, das angenehme Klima, das geschlossene Stadtbild sowie Theateraufführungen, Ausstellungen, Festivals und Kunsthandwerksläden sorgen für die besondere Atmosphäre.

Querétaro → **Guanajuato → *Guadalajara → *San Luis Potosí **Tour 2

Eine Kuriosität ist die neugotische **La Parroquia** (17.–19. Jh.) am Hauptplatz **El Jardín**. Ein indianischer Baumeister soll die Giebel und Türmchen nach Postkartenvorlagen europäischer Kirchen entworfen haben. Rund um den Jardín liegen hübsche Cafés.

Der **Convento de la Concepción** mit seinem schönen Patio beherbergt ein Kulturzentrum *(El Nigromante)*; das »Instituto Allende« bietet ebenfalls Kunst- und Sprachkurse an.

Über aktuelle **Veranstaltungen** informieren die Zeitung »Atención San Miguel« (engl.) und die schwarzen Bretter der Kulturinstitute.

El Jardín, Tel. (415) 1 52 09 00, www.turismosanmiguel.com.mx, www.portalsanmiguel.com. Mo–Fr 9–16 Uhr und 17–19 Uhr, Sa, So 10–12 Uhr. **Geführte Touren,** u. a. sonntags zu Häusern, die sonst nicht öffentlich zugänglich sind.

Busbahnhof: Calle Canal, 1 km westl. vom Zentrum

Casa de Sierra Nevada, Hospicio 35, Tel. (415) 1 52 70 40, www.casadesierranevada.com. 22 geschmackvoll eingerichtete Zimmer und Suiten in verschiedenen Häusern. Garten mit Brunnen und Pool; Gourmetrestaurant. ❍❍❍

■ **Villa Jacaranda,** Aldama 53, Tel. 1 52 10 15, www.villajacaranda.com. Koloniales Schmuckstück in ruhiger Lage mit schönem Garten und hochgelobtem Restaurant. 16 individuell ausgestattete Zimmer. ❍❍

■ **Posada de San Francisco,** Plaza Principal 2, Tel. 1 52 00 72, hposadasanfrancisco@prodigy.net.mx. Einfache, aber freundliche Einrichtung, Bar und Restaurant im romantischen Patio. ❍

In vielen Restaurants gibt es abends Livemusik, außerdem Musikklubs und Diskotheken. Sehr populär: **Mama Mia** (Umarán 48).

Der Weg nach Guanajuato führt durch **Dolores Hidalgo** mit einer Pfarrkirche aus rosafarbenem Sandstein. Das Patiohaus, in dem der Priester und Freiheitskämpfer Miguel Hidalgo wohnte, dokumentiert als Museum seinen Lebensweg und die mexikanische Unabhängigkeitsbewegung.

2

Karte Seite 66

**Guanajuato ⓯

Die Stadt (2050 m; 375 km; 155 000 Einw.) liegt in einem tief eingeschnittenen Tal, das für das sonst typische Schachbrettmuster der Straßen keinen Raum ließ. Viele der winkeligen und steilen Gassen sind allenfalls für Esel und Fußgänger geeignet. Wo diese *callejones* zusammentreffen, entstanden romantische Plätze.

Die Hauptdurchgangsstraße folgt dem trockengelegten Flussbett und verschwindet teils unter der Erde. Ca. 6 km Tunnel durchlöchern die Berge.

Oberirdisch verbindet die gewundene Avenida Juárez den **Mercado Hidalgo** (großes Angebot an Früchten, Essensstände; Kunsthandwerk bescheidener Qualität) mit dem ***Teatro Juárez**. Dieses architektonische Juwel, 1903 eröffnet, steht am schattigen **Jardín de la Unión**. Im *kiosko* auf dem kleinen Zócalo spielt sonntags die staatliche Blaskapelle auf.

1558 wurden reiche Silber- und Goldminen gefunden. Der Minenbesitzer Conde de la Valenciana stiftete im 18. Jh. eine der schönsten Kirchen Mexikos, ***La Valenciana** (5 km außerhalb) mit einer churriguereskeen Fassade aus rötlichem Sandstein und drei überbordenden Goldaltären.

61

Tour 2 Auf der Straße der Unabhängigkeit

Beim Festival Cervantino wird ganz Guanajuato zur Kulisse

Köstliche Gerichte zu günstigen Preisen serviert das Restaurant im Hotel **Quinta las Acacias** (s. S. 63). Spezialität des Hauses: Huhn in einer Pflaumen-Orangen-Chili-Soße.

Die ****Carretera Panorámica** mit vielen Aussichtspunkten umrundet die Stadt; den besten Blick hat man vom **Denkmal für den Volkshelden Pípila** (vom Teatro Juárez aus per Seilbahn zu erreichen). Der Bergarbeiter Pípila war 1810 ums Leben gekommen, als er die Alhóndiga in Brand setzte, hinter der sich die Spanier verschanzten.

Dieser ehemalige Kornspeicher ist heute **Regionalmuseum.** Die Murales im Treppenhaus stammen von dem lokalen Künstler José Chavez Morado.

Im **Geburtshaus** von Diego Rivera (s. S. 28) in der Calle Pocitos hat man Skizzen und Entwürfe des Malers zusammengetragen.

Hinreißend ist das **Museo Iconográfico de Quijote,** wo sich alles um Cervantes' literarischen Helden Don Quijote dreht (Calle M. Doblado 1).

In den 1950er Jahren entstand nach maurischen Vorbildern die **Universität** mit einer imposanten Freitreppe. Die Hochschule sorgt für ganzjähriges Kulturangebot, zu dem die *Entremeses cervantinos* gehören, komische Einakter des spanischen Dichters Cervantes (1567–1616), die von Studenten auf der **Plaza San Roque** aufgeführt werden. Sie gaben letztlich die Anregung zum Festival Cervantino.

Hunderte von Künstlern aus aller Welt machen Guanajuato alljährlich im Oktober für knapp drei Wochen zum kulturellen Zentrum Mexikos. Das **Festival Internacional Cervantino** ist ein Fest der Kontraste und Entdeckungen. Hohe Kunst steht gleichberechtigt neben Populärem, Folklore neben Avantgarde. Musik, Theater und Tanz heißen die Schwerpunkte der Veranstaltung, begleitet von Lesungen, Filmen und Ausstellungen. Die ganze Stadt mit ihren malerischen Plätzen und Gärten, Theatern und Kirchen wird zur Kulisse. Programmauskunft, Hotel- und Kartenreservierung: Coordinadora de Turismo, www.festivalcervantino.gob.mx

Subsecretaría de Desarollo Turístico, Plaza de la Paz 14, Tel. (473) 7 32 15 74, Fax 7 32 42 51, www.guanajuato-travel.com

Flughafen: 30 km südwestlich

**Querétaro → **Guanajuato → *Guadalajara → *San Luis Potosí   Tour 2

Die Frauen der Purépecha tragen vielfach blaue Schultertücher

Der **Busbahnhof** befindet sich außerhalb (Richtung Irapuato).

Quinta las Acacias, Paseo de la Presa 168, Tel. (473) 7 31 15 17, www.quintalasacacias.com. Reizendes kleines Hotel in einem Wohnhaus des 19. Jhs. ○○○
▍ **Parador San Javier,** Pl. Aldama 92, Tel. 7 32 06 26, hpsjgto@guanajuato-turistico.com. Ehemalige Hazienda mit schönem Garten und Pool. ○
▍ **Hosteria del Frayle,** Sopena 3, Tel. 7 32 11 79. Freundliches Haus in zentraler Lage. ○

Cybelles, Cantarranas. Gutes Essen, nette Bedienung, Do–Sa ab 22 Uhr Livemusik. ○○
▍ Beliebt sind die Restaurants rund um den Jardín de la Unión und in der Calle Sopena; das Essen ist solide.

Zur Routenplanung
Von Guanajuato aus kann die Fahrt in verschiedene Richtungen fortgesetzt werden – über León nach Aguascalientes und Zacatecas oder nach Guadalajara sowie über Irapuato (Erdbeeranbau) nach Morelia, in die Hauptstadt von Michoacán. Die Busverbindungen sind in der Regel sehr gut.

Michoacán ist mit seiner abwechslungsreichen Landschaft, die von kühlen Eichenwäldern bis zur tropischen Vegetation reicht, mit Wasserfällen und lieblichen Tälern, mit Vulkanen, Seen und Flüssen ein wunderschönes und dabei bislang nicht überlaufenes Reiseziel. Sehr reizvoll ist das Kunsthandwerk der *Purépecha*-Indígenas, die von den Spaniern *Tarasken* genannt wurden.

2
Karte Seite 66

**Morelia ⓰

1541 vom ersten Vizekönig Mendoza unter dem Namen Valladolid gegründet und 1828 nach dem Freiheitshelden José M. Morelos umbenannt, bietet die Stadt (1950 m; 690 000 Einw.) eine angenehme Mischung aus Moderne und gepflegter kolonialer Vergangenheit.

Die kommunikative Tradition der kolonialen Plaza lebt auf der baumbestandenen **Plaza de los Mártires** fort,

Monarchfalter

Ein einzigartiges Naturschauspiel ist zwischen Anfang November und Ende März zu erleben, wenn in den Wäldern von Michoacán Millionen rotgoldener Monarchfalter aus Kanada überwintern. Ausgangspunkt für eine Tour ins **Santuario de la Mariposa Monarca** in über 3000 m Höhe ist das Dorf Ocampo oder der hübsche Bergwerksort Angangueo (s. Special S. 11).

die von der barocken Kathedrale und von einladenden Cafés unter luftigen Arkaden umrahmt wird.

Der Regierungspalast und das **Museo Michoacano** (Ecke Allende/Abasolo; archäolog. Sammlung der Tarasken-Kultur) sind mit *Murales* des lokalen Künstlers Alfredo Zalce ausgemalt. Das **Museo del Estado** (G. Prieto 176) dokumentiert Geschichte und Entwicklung Michoacáns. Wahrzeichen der Stadt ist der fast 2 km lange **Aquädukt** (18. Jh.) mit 250 Bögen.

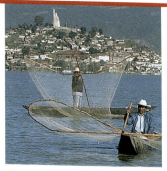

Fischer mit Schmetterlingsnetzen am Pátzcuaro-See

Erlesenes Kunsthandwerk zeigt die **Casa de las Artesanías**. Auf dem **Mercado de Dulces** (Calle Guzmán) wird vor allem Süßes verkauft.

Secretaría de Turismo, Nigromante 79, Tel. (443) 3 12 80 81; www.turismomichoacan.gob.mx. 9–14 Uhr und 16–20 Uhr

Busbahnhof: Am westl. Stadtrand

Los Juaninos, Morelos Sur 39, Tel. (443) 3 12 00 36, www.mexicoboutiquehotels.com. Großzügige Zimmer und Suiten in ehemaligem Hospital, nahe Kathedrale. ○○○
▪ **Villa Montaña,** Patzimba 201 (2 km vom Zentrum), Tel. 3 14 02 31, www.villamontana.com.mx. Nobel-rustikale Villen, Gourmetrestaurant. ○○○
▪ **Posada de la Soledad,** Zaragoza 90, Tel. 3 13 06 27, www.hsoledad.com. Romantisches Hotel mit Patio; Sa beliebtes mexikanisches Büfett. ○○

Alte Kolonialpaläste beherbergen hier schönste Restaurants: **Los Mirasoles,** Madero Poniente 549, Tel. 3 17 57 77, serviert regionale und argentinische Gerichte; **San Miguelito** (nahe Centro de Convenciones, Tel. 3 24 44 11) verwöhnt mit neuer mexikanischer Küche. ○○–○○○

Rund um **Pátzcuaro

Bewaldete Vulkane prägen in 2500 m Höhe die Landschaft rund um den *Pátzcuaro-See.

Bei **Tzintzúntzan** (schönes Franziskanerkloster, 16. Jh.), liegen auf einer Plattform die *Ruinen eines Zeremonialzentrums der Purépecha.

Das koloniale Städtchen **Pátzcuaro** ⓘ (2175 m; 60 000 Einw.) bezaubert durch seine heitere Atmosphäre. Der lebhafte Markt (tgl.) und das Regionalmuseum der Volkskunst (*Museo Regional de Artes Populares;* C. Enseñanza) geben Einblick in die Lebensweise der indianischen Bevölkerung. Ausflüge zur Insel *Janitzio (Fährverkehr; Morelos-Denkmal).

Mansión Iturbe, Portal Morelos 59, Plaza Vasco de Quiroga, Tel. (434) 342 03 68, www.mansioniturbe.com. Schönes Kolonialhaus mit modernem Komfort. 12 individuell gestaltete Zimmer um einen Patio; ausgezeichnetes Restaurant. ○○

Am **1. und 2. November** wird auf der Insel **Janítzio** Mexikos wohl größtes Fest zum Totengedenken begangen (s. S. 17). Weniger überlaufen sind andere Orte am See. Auskunft: Secretaría de Turismo in Morelia.

**Querétaro → **Guanajuato → *Guadalajara → *San Luis Potosí   Tour 2

Zur Routenplanung
Über Toluca zurück nach Mexiko-Stadt bieten sich zwei Routen an. Schneller geht es auf der gebührenpflichtigen »Supercarretera« über Maravatío und Atlacomulco, schöner ist die kurvenreiche Landstraße 15 über Zitacuaro.

*Guadalajara ⓳

Im westlichen Zentralmexiko liegt auf einem Hochplateau mit frühlingshaftmildem Klima die Hauptstadt (1570 m; 1,6 Mio. Einw.; 535 km von Mexiko-Stadt) des Staates Jalisco und zweitgrößte Stadt Mexikos. Die »Perle des Westens«, 1542 gegründet, war reiches Handelszentrum der Spanier und ist heute eine pulsierende Metropole.

⭐ Auf dem riesigen **Mercado Libertad,** dem größten Markt Mexikos, kann man in einem unglaublichen Angebot an Waren schwelgen.

Die wichtigsten Sehenswürdigkeiten liegen in einer weitläufigen Fußgängerzone zwischen Kathedrale und dem Instituto Cultural Cabañas.
Die ***Kathedrale** mit Sakramentshäuschen und den hohen Zwillingstürmen, der **Palacio de Gobierno** (gewaltiges Orozco-Wandgemälde, das Miguel Hidalgo darstellt, s. S. 27), das **Regionalmuseum** im ehemaligen Priesterseminar und das **Teatro Degollado** rahmen die **Plaza de la Liberación,** den »Platz der Befreiung«, ein.
Hinter dem Theater lässt es sich ohne Autoqualm geruhsam über die **Plaza Tapatía** bummeln bis zum **Instituto Cultural Cabañas.**
Für die Kapelle dieses ehemaligen Waisenhauses (von der UNESCO zum Welterbe erklärt) schuf Orozco 1938/1939 ****Fresken,** die als sein Meisterwerk gelten (Di–So 9–18 Uhr).

Von J. C. Orozco stammen weitere Wandgemälde in der Aula der 1790 gegründeten **Universität** (Av. Vallarta). Sein Wohnhaus und Atelier ist als **Museum** zugänglich (Av. Aceves 27).

⭐ Mariachi-Kapellen spielen tgl. ab Nachmittag auf der **Plazuela de los Mariachis** (beim Markt) auf. Das Folkloreballett der Universität tritt an jedem So um 10 Uhr im **Teatro Diana** (16 de Septiembre 710) auf.

ℹ️ Morelos 102/Plaza Tapatía; Tel. (33) 36 68 16 00, www.visitjalisco.gob.mx.
Mo–Fr 9–21 Uhr, Sa, So 9–13 Uhr

Mariachis und Tequila

Die Mariachis schmettern mitreißende Melodien und singen seufzend von unerwiderter Liebe, die »schönsten Frauen des Landes« wirbeln beim Volkstanz **Jarabe Tapatío** ihre weiten, plissierten Röcke wie übergroße Fächer, bei der Rodeovariante **Charreada** zeigen die Charros in prachtvollen Trachten waghalsige Kunststücke, und der Tequila fließt in Strömen: »Du bist die mexikanischste Seele«, heißt es in der Mariachi-Hymne an »Guadalajara«. Tatsächlich kommt all das, was man für typisch mexikanisch hält, aus dem Staat Jalisco. Der weltweit exportierte Agavenschnaps Tequila wird aus einer bläulichen Agavenart gebrannt, die rund um den kleinen Ort **Tequila** (56 km von Guadalajara) angebaut und verarbeitet wird. Einige Schnapsbrennereien können auch besichtigt werden.

Tour 2   Auf der Straße der Unabhängigkeit

Flughafen: Miguel Hidalgo, 20 km außerhalb
Busbahnhof: Nueva Central Camionera, hinter Tlaquepaque

Fiesta Americana, Aurelio Aceves 225, Tel. (33) 38 18 14 00, www.fiestaamericana.com. Großes, supermodernes Hotel. ○○○
▪ **Villa Ganz,** Lopez Cotilla 1739, Tel. 31 20 14 16, www.mexicoboutiquehotels.com. Charmante Residenz, 10 individuelle Zimmer. ○○○
▪ **Francés,** Maestranza 35 (zentral), Tel. 36 13 11 90. Große Zimmer. ○

La Chata, Corona 126, Tel. 36 13 05 88. Jalisco-Küche. ○○
▪ Deftige regionale Spezialitäten bekommt man an den Essensständen im **Mercado Libertad.**

Im Freizeitpark **Parque Agua Azul** liegt die *Casa de las Artesanías,* ein Museum mit Verkauf von Volkskunst der Region.

Ausflüge von Guadalajara

*****Tlaquepaque,** die gepflegte Vorstadt im Süden mit ihren prachtvollen Villen, ist ideal zum Herumbummeln und ein Einkaufsparadies: Antiquitäten, Kunsthandwerk von hoher Qualität, besonders Keramik. Die Herstellung hat wie in **Tonalá** (20 km östl. von Guadalajara) eine berühmte Tradition.

Der Vorort **Zapopan** im Norden wird von der **Franziskanerkirche** beherrscht (17. Jh.). Ihre wundertätige Marienstatue »reist« ab Juni durch Guadalajaras Kirchen und kehrt am 12. Oktober in prunkvoller Prozession nach Zapopan zurück (Fiesta 4.–12. Okt.).

Im Konvent Ausstellung/Verkauf von Volkskunst der Huicholes.

DAS NÖRDLICHE ZENTRALE HOCHLAND
TOUR 2

0   100 km

 Hauptbadeorte

Plan Tour 2

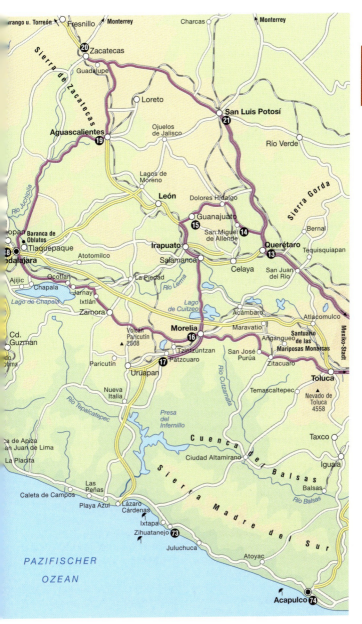

Tour 2 Auf der Straße der Unabhängigkeit

Rund um den hübschen Ort **Tequila** wächst die blaue Agave, der Rohstoff für das hochprozentige Getränk. Jeden Sa um 11 Uhr startet in Guadalajara der »Tequila Express«-Zug zu einem Ausflug (www.tequilaexpress.com.mx, Tel. 38 80 90 99).

Aguascalientes

Im Norden werden Klima, Vegetation und Landschaft wüstenhaft. Aguascalientes (190 km von Guadalajara; 1890 m; 730 000 Einw.) liegt in einer fruchtbaren Ebene, in der Wein und Obst angebaut werden. Der Name verweist auf die Thermalquellen in der Gegend. Am Zócalo (Plaza de la Patria) sind der **Palacio de Gobierno** (Regierungspalast), ein ehemaliger Adelspalast (17./18. Jh.), sowie die **Kathedrale** (18. Jh.) sehenswert, ebenso das **Museum** für den Grafiker **José Guadalupe Posada** (s. S. 26), der 1851 in Aguascalientes geboren wurde.

*Zacatecas

(2496 m; 132 000 Einw.; 320 km) Silberfunde waren 1548 Anlass zur Stadtgründung. Die größte Silbermine der Welt fördert heute noch große Mengen des Edelmetalls. Ein Prunkstück ist die **Kathedrale** (18. Jh.). Eine Kapelle und ein **Revolutionsmuseum** liegen auf dem Cerro de la Bufa (Auffahrt per Seilbahn), der einen grandiosen *Blick auf die rosafarbene Stadt und die Hochebene bietet.

Das **Museo Pedro Coronel** zeigt die internationale Kunstsammlung des Malers (1922–1985); Bruder Rafael Coronel (geb. 1932), ebenfalls Maler, stiftete der Stadt eine außergewöhnliche Maskensammlung. Dem eigenwilligen Maler Francisco Goitía (1882 bis 1960) ist ein weiteres Museum gewidmet. Abstrakte Kunst präsentiert das **Museo Manuel Felguérez** in einem ehemaligen Gefängnis.

Consejo Estatal de Turismo, Hidalgo 403, Tel. (492) 9 24 05 52, www.turismozacatecas.gob.mx

Busbahnhof: Central de Autobuses, Lomas de la Isabélica
Flughafen: 20 km nördlich

Quinta Real Zacatecas, Rayón 434, Tel. (492) 9 22 91 04, www.quintareal.com. Exklusive Hotelanlage, rund um eine Stierkampfarena gebaut. ○○○

Probieren Sie den lokalen Weißwein Cacholá, der im **La Cuija** (Tacuba 5, im Mercado González Ortega, Tel. 9 22 82 75; ○○) zu regionalen Gerichten serviert wird.

Gewebte Decken, Lederwaren, Silberschmuck sowie Süßigkeiten aus der Frucht des Nopalkaktus.

*San Luis Potosí

200 km von Zacatecas; 730 000 Einw., wurde 1590 als Zentrum des Gold- und Silberbergbaus gegründet. Die Altstadt ist ein schönes Ensemble kolonialer Architektur, so die barocke ***Kathedrale** (17. Jh.) am Zócalo (Plaza Hidalgo) und die Kirchen **San Francisco** und ***Nuestra Señora del Carmen.** In einem ehemaligen Franziskanerkloster (C. Galeana) befindet sich das **Museo Reg. Potosíno** (Ethnologie).

Obregón 520, Tel. (444) 8 12 99 39. Auch Infos zur großen Fiesta vom 18.–26. August.

Tour 3

Abenteuer
***Kupferschlucht

Los Mochis → *Chihuahua

Der Norden mit seiner Westernkulisse aus schroffen Bergketten, Viehweiden und Wüsten lockt vorwiegend Naturliebhaber und Abenteurer an. Herausragende Attraktion ist die 14-stündige Zugfahrt mit dem »Chepe« von Los Mochis nach Chihuahua durch die Barranca del Cobre.

Nimmt man den »Chepe« in **Los Mochis** ❷ um 6 Uhr (bester Platz im Zug rechts) sieht man mehr von der Berglandschaft bei Tage!

Zugticket und Hotels für Stopps unbedingt reservieren: z. B. im Hotel **Santa Anita,** Los Mochis, Tel. (668) 8 18 70 46, Fax 8 12 00 46, oder in Deutschland bei **Native Trails,** Postfach 1237, 61207 Echzell, Tel. (0 60 35) 96 87 07, Fax 96 87 09

***Barranca del Cobre ❸

Die »Kupferschlucht« mit ihren weit verzweigten Flusstälern und bis zu 1200 m steil abfallenden Felswänden ist viermal so groß wie der Grand Canyon in den USA. Die atemberaubende Streckenführung der 650 km langen Bahnlinie von Chihuahua durch die Sierra Tarahumara nach Los Mochis am Pazifik wurde bei ihrer Fertigstellung 1961 als Wunder der Technik gefeiert. Durch 86 Tunnel, über 39 Brücken und ungezählte Kurven werden 2500 m Höhenunterschied überwunden. Spektakulär ist auch die Landschaft mit zerklüfteten Felsen und Tälern, dichten Wäldern und fruchtbaren Ebenen. Stationen zur Unterbrechung:

Bahuichivo ist Bahnstation für das Dorf **Cerocahui** mit freundlichen kleinen Hotels. Ausflüge (Jeep, Pferd, Wandern) führen in das Tal des Urique-Cañons, vorbei an Wasserfällen und Tarahumara-Höhlen.

Bei **Divisadero Barrancas** hält der Zug 20 Minuten für einen **Blick in die gewaltigen Schluchten. 2000 m fallen die Felswände ab, sodass sich verschiedene Vegetationsformen zeigen: Eichenwäler in der hohen, kühleren Zone, im Tal wachsen Orangen und Orchideen. Wer hier übernachtet (Hotels ○○/○○○), kann unter kundiger Führung die Abhänge hinabsteigen oder am Klippenrand spazieren gehen (auch Reitausflüge).

Creel (2500 m; 356 km von Chihuahua), ein Städtchen mit Westernflair, verlockt zu Ausflügen in die Umgebung – per Jeep oder Pferd: zur **Laguna Arareko** (8 km), einem idyllischen Waldsee mit Wanderwegen, zur **Misión Cusárare** (2 km weiter), einer einsamen Missionsschule, zu den hohen Wasserfällen des **Nationalparks Basaséachic** (120 km; Ganztagesausflug) und nach **Batopilas** (118 km; mit Übernachtung), einer verlassenen Bergarbeitersiedlung.

*****Chihuahua** ❹ (1430 m; 760 000 Einw.) ist ein amerikanisch beeinflusstes Zentrum des Bergbaus und der Viehzucht. Sehenswert sind Kathedrale und Palacio de Gobierno. Hier wurde der Freiheitskämpfer Hidalgo im Juli 1811 hingerichtet. Rund 100 Jahre später kämpfte Pancho Villa während der Revolution für die Landbevölkerung. Sein Quartier *****Quinta Luz** (C. 10, No. 3014) ist ein interessantes Museum der Revolution.

Tour 3 Abenteuer ***Kupferschlucht

Tarahumara-Frauen fertigen hübsche, fein geflochtene Körbe

Karte Seite 73

Einzelgänger im Norden

Die unwegsame Sierra Madre Occidental ist Heimat von etwa 50 000 **Tarahumara**-Indianern. Sie leben zurückgezogen in Felshöhlen am Rand der Schluchten und ziehen in den Wintermonaten in die subtropischen Täler. Uralte Rituale haben sich hier erhalten, wie die Erntefeste mit Tieropfern und Maisbier *(tesgüino)*. Weberei, Töpferei und das Flechten feiner Körbe zählen zu den alten Handwerkstechniken. Die *Rarámuri,* wie sie sich selbst nennen, gelten als schnelle Läufer und verhalten sich Fremden gegenüber zurückhaltend (nie ohne Erlaubnis fotografieren!).

Ebenfalls Einzelgänger sind die **Mennoniten,** die sich in den 1920er-Jahren im Hochtal von Chihuahua ansiedelten. Die Einwanderer aus Kanada, deren Vorfahren meist aus Deutschland stammen, sind fleißige Bauern und stellen den besten Käse Mexikos her. Ihre strenge Religion verbietet ihnen die Ehe außerhalb ihrer Gemeinschaft.

Tour 4

Baja California – das andere Mexiko

Los Cabos → *La Paz → *Loreto → *Santa Rosalía → Guerrero Negro → Ensenada → Tijuana

Die Halbinsel Baja California ist ein ganz eigenes Stück Mexiko, den USA mehr verbunden als dem fernen Festland, dünn besiedelt, mit traumhaften Stränden und Buchten, eine Wunderwelt der Natur zu Land und zu Wasser. Auf der »Transpeninsular«, der Nationalstraße 1, ist Baja California Sur auf dem Landweg zugänglich. Die Grenzstädte Tijuana und Mexicali haben amerikanische Züge, der Süden lockt mit 300 Sonnentagen im Jahr und luxuriösen Hotelanlagen zum Badeurlaub. Dazwischen durchquert eine 1700 km lange Straße Gebirge und Wüste, Kakteenwälder und Palmenoasen.

Für ein kleines Wüstenabenteuer bietet sich der Rundkurs zwischen Los Cabos und La Paz an. Wer mehr erleben will, kann die Tour nordwärts bis Santa Rosalía (550 km) fortsetzen und dort die Fähre nach Guaymas nehmen, oder bis Tijuana weiterfahren.

Die Südspitze: Los Cabos

Immer mehr noble Hotels in gepflegten, weitläufigen Anlagen direkt am Strand haben die 30 km voneinander entfernten Orte San José del Cabo und Cabo San Lucas an der Südspitze der Halbinsel Baja California zur Ferienregion Los Cabos zusammenwachsen lassen. »Die Baja« ist teurer als das übrige Mexiko, nicht zuletzt, weil fast alle Güter eingeführt werden müssen. Dafür wird aber auch sehr viel geboten: Golfspieler finden hier gleich mehrere Plätze der Weltklasse. Der Fischreichtum lockt Hochseeangler, Taucher und Schnorchler. Wind und Wellen liefern ideale Bedingungen für Segler und Surfer. Ausritte am Strand sowie Ausflüge ins Hinterland bieten weitere Abwechslung. Höhepunkt des Angebots sind Bootstouren zur Walbeobachtung (Jan.–März).

Am Südende einer weiten Bucht bei **Cabo San Lucas** (24 000 Einw.), treffen der raue Pazifik und das sanfte, warme Cortés-Meer in einem einmaligen Wechselspiel der Farben aufeinander. In Jahrhunderten haben die Wellen ***El Arco,** einen Felsbogen, geformt, das Wahrzeichen von Los Cabos. Der Fischerort hat sich zu einem lebhaften Hafenstädtchen gemausert.

Das beschauliche ***San José del Cabo** (25 000 Einw.) entzückt mit teils felsigen, teils von tropischer Vegetation gesäumten Stränden und Buchten. An der Lagune Estero de San José tummeln sich bis zu 200 Vogelarten.

Mit dem Kajak zum Arco oder auf dem vierrädrigen Motorrad in die Wüste: Ausflüge von **Tio Sport** vereinen Abenteuer und Naturerlebnisse. Cabo San Lucas, Tel. (624) 1 43 33 99, www.tiosports.com

Vom **Flughafen** 11 km bis San José, 45 km bis Cabo San Lucas. Leihwagen empfehlenswert (Büros am Flughafen), da die Hotels verstreut liegen.

Westin Resort & Spa, Carr. Transpeninsular km 22,5, Tel. (624) 1 42 90 00, www.westin.com. Fantastische Architektur, wie aus dem Felsen geschlagen. ○○○

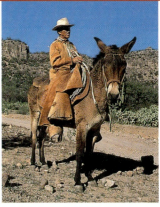

Baja – Mexiko wie im Western-Film

Meliá San Lucas, Playa El Médano, Tel. 1 45 78 00, www.solmelia.com. Geschmackvolle Anlage, Blick auf den Arco, am Strand. ○○○

Casa Natalia, Blvd. Mijares 4, Tel. 1 42 51 00, www.casanatalia.com und www.slh.com. Kleines Stadthaus mit 20 luxuriösen Zimmern, Terrasse, Pool und Gourmet-Restaurant. ○○○

Mar de Cortés, Tel. 1 43 00 32, Fax 14 30 02 32. Einfaches, familiäres Hotel in Cabo San Lucas. ○

Las Palmas, am Médano-Strand, Tel. 1 43 04 47. Hummer, Fischgerichte. ○○

Am Boulevard Marina und in der Calle Hidalgo (in Cabo San Lucas) gibt es zahlreiche Restaurants und Bars; abends teils mit Livemusik.

*La Paz

Mit seinen weiß getünchten Wohnhäusern und dem palmenbestandenen Malecón strahlt La Paz (175 000 Einw.) mediterranen Charme aus, und die Sonnenuntergänge sind unbeschreiblich romantisch. Das historische Zentrum konzentriert sich um den **Jardín**

Velasco (Plaza Constitución) mit der Missionskirche **Nuestra Senora de La Paz.** Bootsausflüge führen zur Insel **Espiritu Santo.** Die schönsten **Strände** (geringer Wellengang, Dünen) liegen im Osten der Stadt entlang einer weiten Bucht, an die sich **Pichilingue,** der Anlegeplatz der Fähren, anschließt.

Coordinación Estatal de Turismo, Carr. al Norte, km 5,5, Edif. Fidepaz, Tel. (612) 1 24 01 00, 1 24 04 90, www.gbcs.gob.mx

Flughafen: 10 km südwestlich
Fähren: Topolobampo, Mazatlán

Los Arcos, Obregón 498, Tel. 1 22 27 44, www.losarcos.com. Angenehmes, traditionelles Hotel, an der Uferpromenade. ○○○
▍ **Perla,** Obregón 1570, Tel. 1 22 07 77, www.hotelperlabaja.com. Zentral, im mexikanischen Stil. ○○

Die Transpeninsular nach Norden: Missionen und Wale

Auf der Straße 19 kann man an der Pazifikküste über Todos Santos nach Cabo San Lucas (134 km) zurückkehren. Nordwärts quert die Straße 1 eine bizarre Kakteenlandschaft. Die **Sierra de la Giganta** (bis 2000 m) zeichnet am Horizont eine malerische Kulisse.

Kurz vor der landwirtschaftlichen »Oase« Cd. Constitución zweigt die Straße zur **Bahía Magdalena** ab, einer der Buchten für Walbeobachtung.

*Puerto Escondido ㉘, ein – wie der Name schon sagt – »versteckter« Naturhafen, wird von kleineren Jachten angelaufen. 30 km weiter liegt in einer Palmenoase *Loreto (16 000 Ew.). Eine schöne Barockkirche (1697) und ein Missionsmuseum dokumentieren die koloniale Bedeutung.

Ein schönes Kolonialhaus am Hauptplatz beherbergt die **Posada de las Flores,** Salvatierra/Fco. Madero, Tel. (613) 1 35 11 62, www.posadadelasflores.com. ○○○
▍ **Oasis,** López Mateos, Tel. 1 35 02 11, Fax 1 35 07 95. In Palmenoase am Strand, zentral, gutes Restaurant. ○○

Über eine schlechte, aber landschaftlich reizvolle Straße lohnt ein Ausflug zur 1699 erbauten Missionskirche **San Francisco Javier** (25 km).

*Mulegé ㉚, ebenfalls eine Jesuitengründung (Kirche von 1703), liegt in einer Dattelpalmenoase nahe einer tropischen Lagunenlandschaft. Bootsausflüge in die **Bahía Concepción** (Angeln, Schnorcheln) sind möglich.

Die moderne Kirche Santa Barbara in dem kleinen Hafenstädtchen *Santa Rosalía ㉛ (etwa 14 000 Einw.) konzipierte Gustave Eiffel.

Vom **Mirador La Cruz de Calvario** hat man einen großartigen Blick auf den Golf und den **Volcán las Tres Vírgenes,** mit 1995 m die höchste Erhebung Niederkaliforniens. Sehenswerte Höhlenmalereien bei San Borjita.

*San Ignacio ㉜ ist eine idyllische Oase mit einer Missionskirche von 1728 (vergoldete Altäre). In der nahen Sierra de San Francisco finden sich **Höhlenmalereien;** man sollte sie mit Ortskundigen besuchen.

Grauwale mit ihren Jungen sieht man in der **Reserva de la Biósfera El Vizcaíno,** die von der UNESCO zum Weltnaturerbe erklärt wurde.

La Pinta, solide Hotelkette entlang der MEX 1, die einen günstigen Pass für 4 Nächte bietet. Reservierung: Tel. (800) 8 00 96 32, www.lapintahotels.com. ○○

Das Grenzgebiet zwischen Baja Nord und Süd wird markiert durch die riesi-

Los Cabos → *La Paz → *Santa Rosalía → Tijuana Tour 4

gen Salinen von **Guerrero Negro** ❸ an der von Grauwalen für die Geburt und Aufzucht ihrer Jungen bevorzugten Bucht **Ojo de Liebre.**

Genau an der Grenzlinie ragt ein 36 m hohes Denkmal auf: ein Adler, der symbolisch die Flügel über beide Staaten breitet.

Naturfreunde sollten beim Parador Punta Prieta zur 70 km entfernten ***Bahía de los Angeles** abbiegen. Vor dem 25 m breiten, kilometerlangen Sandstrand spielen zwischen Juni und Dezember Tausende von Delfinen im Golf, auch Wale und seltene Vögel leben hier. Auf dem Rückweg ist, durch einsames Kakteenland und auf schlechter Straße, ein Umweg von 40 km zu empfehlen – zur schönsten aller Missionsgründungen, ***San Francisco Borja,** verlassen am Rande steiler Tafelberge in einer Oase.

DIE HALBINSEL BAJA CALIFORNIA
TOUREN 3 UND 4

0   200 km

Hauptbadeorte

Cardon-Kaktus

Ensenada und Tijuana

Die 370 000-Einwohner-Stadt **Ensenada** verlockt mit schönen Stränden und guten Fischrestaurants zu einem kurzen Stopp. Die Attraktion ist 35 km südlich *La Bufadora – »Die Schnaubende«: eine bis 20 m hohe Fontäne, die aus einem Felsloch durch die Brandung emporgeschleudert wird. An der Punta Banda tummeln sich Seelöwen; im Januar und im März kann man Grauwale vorüberziehen sehen.

Die Grenzstadt **Tijuana** (150 m; 1,4 Mio. Einw.) ist eine merkwürdige Mischung aus mexikanischer Eigenart und amerikanischer Hektik. Mittelpunkt des Treibens ist der Hauptplatz **Parque Municipal Guerrero** und das Einkaufsviertel um die Avenida Revolución. Ruhiger ist das **Centro Cultural** mit Museum und Großkino. Besonders kreativ ist die Musikszene (z. B. mit dem Projekt Nortec Collective).

Ausgetrockneter Salzsee am Fuß der Sierra de San Pedro Mártir

Secretaria Estatal de Turismo, Paseo de los Héroes 9365, Tijuana, Tel. (664) 6 84 05 37, 9 73 04 24, www.turismobc.gob.mx

In beiden Städten gibt es viele Hotels aller Kategorien.

Wüste und Wale

Die Wüste lebt: Baja Californias einzigartige Fauna und Flora übt nicht nur auf Spezialisten magische Wirkung aus. In der nur auf den ersten Blick kargen Wüste leben u. a. Kojoten, Pumas, Füchse, Hasen und Hirsche. Das ruhige Mar de Cortés ist Lebensraum für 850 Meerestierarten. Auf den Inseln tummeln sich Seelöwen, Robben, Pelikane und andere Wasservögel.

In den flachen Buchten der Baja tummeln sich zwischen Januar und März die Babygrauwale, ehe sie im Frühjahr in die Fluten der arktischen Beringsee eintauchen. Zahlreiche Veranstalter haben sich auf Bootstouren zur Walbeobachtung spezialisiert. Gute allgemeine Informationen und Veranstalter findet man im Internet unter www.baja-california.ch.

Tour 5

Die Golfküste

*Jalapa → *Veracruz → **El Tajín → Villahermosa

Die Küste am Golf von Mexiko, knapp 1300 km lang, ist primär ein Badeziel der Mexikaner, die die einfachen Hotels und familienfreundlichen Preise schätzen. Touristen lockt weniger das Meer hierher als vielmehr die einzigartigen Zeugnisse der Kulturen der Olmeken, Huaxteken und Totonaken, die sich zum Teil in dichter tropischer Vegetation verbergen. Aktive Reisende können wandern, mit dem Mountainbike fahren oder im Schlauchboot gleich mehrere Flüsse erkunden. Ein weiterer guter Grund für diesen Abstecher an die Ostküste ist die lebhafte Hafenstadt Veracruz.

Die 4- bis 7-tägige Tour von Mexiko-Stadt über Puebla (s. S. 52) nach Veracruz kann auf zwei Routen beginnen: Spektakulär ist die Straße 150 über Córdoba, wo auf relativ kurzer Strecke durch gewaltige Serpentinen 2000 m Höhenunterschied überwunden werden. Gemäßigter geht es über Jalapa (unterwegs Abzweigung zur archäologischen Stätte Cantona) bergab.

*Cantona (ca. 100 km von Puebla) gilt als eine der größten vorspanischen Siedlungen im zentralen Hochland, deren Blütezeit (700–1000) nach dem Untergang von Teotihuacan begann. Der bisher ausgegrabene kleine Teil überrascht mit zahlreichen Tempeln und Palästen, einem weit verzweigten Wegesystem und 22 Ballspielplätzen. Von eigenartigem Reiz ist die karge Landschaft.

*Jalapa ㉟

(1430 m; 390 000 Einw.; 90 km von Veracruz). Vor der majestätischen Silhouette des **Pico de Orizaba** (5747 m) zieht sich die Stadt mit ihren blühenden Gärten über mehrere Hügel hin. Die prägenden Merkmale der Hauptstadt des Staates Veracruz sind ein quirliger Markt, die Universität und ein reges Kulturleben.

Eine Spitzenstellung in Jalapa hat das ****Museo de Antropología** auf dem Uni-Gelände. Kunstschätze der drei Ostküstenkulturen (Olmeken, Totonaken, Huaxteken) sind hier wunderschön präsentiert (tgl. 9–17 Uhr).

*Veracruz ㊱

Die lebhafte Hafenstadt (500 000 Ew.; 450 km von Mexiko-Stadt) quillt zur Karnevalszeit über von fröhlichen Menschen, die farbenprächtige Umzüge veranstalten und auf den Straßen tanzen. Die entspannte Atmosphäre rund um den Zócalo mit Marimba-Spielern und Mariachi-Sängern macht den Reiz dieser Stadt aus, die in der Geschichte Mexikos eine wichtige Rolle spielte, aber nur wenig Sehenswürdigkeiten hat (Festung San Juan de Ulúa, kleine historische Museen). Die erste spanische Siedlung auf mexikanischem Boden, gegründet 1519, wurde zum Drehkreuz mit Europa.

Das **Acuario Veracruz** (Blvd. A. Camacho s/n; 9–17 Uhr) gehört zu den größten Aquarien Lateinamerikas.

5
Karte Seite **76**

> **Palacio Municipal** am Zócalo, www.veracruzturismo.com.mx

> **Emporio,** Malecón 244, Tel. (229) 9 32 22 22, www.hotelesemporio.com. Elegantes Hotel mit großen Zimmern, 3 Pools. ○○

Hotel Colonial, Plaza de Armas, Tel. 9 32 01 93, www.hcolonial.com.mx. Kolonialhaus mit ruhigeren Zimmern nach hinten. ○

Den besten Kaffee der Stadt hat das **Café Parroquia** am Malecón. In **Boca del Río** gibt es hervorragende Fischgerichte; in der Nähe liegt das Hotel **Mocambo,** Tel. 9 22 02 00, www.hotelmocambo.com.mx. ○○○

Die Nischenpyramide in El Tajín

*Zempoala – **El Tajín

60 km nördlich von Veracruz dehnt sich *Zempoala ⓥ aus. Neben dem eindrucksvollen Zeremonialzentrum liegen weitere Ruinen nahe dem Dorf und in den Zuckerrohrfeldern. Die Fahrt an der Küste führt vorbei an kilometerlangen Sandstränden; ein wachsendes touristisches Angebot zeigt die **Costa Esmeralda** zwischen Nautla und Tecolutla.

Das nette Städtchen **Papantla** ⓭ ist idealer Startpunkt für den Besuch der archäologischen Stätte **El Tajín. Die Stadt florierte zwischen 100 und 900 und wurde um 1150 verlassen. »El Tajín« (»Der Blitz«) nannten später die hier siedelnden Totonaken den Ort mit der ungewöhnlichen Nischenpyramide (22 m hoch).

Das Zentrum zwischen zwei Flussläufen umfasst Pyramiden und Plattformen, die um Plätze angeordnet und durch Treppen und Terrassen verbunden sind. 17 Ballspielplätze wurden entdeckt; Steinreliefs schildern das Ballspiel als Teil von Opferritualen. Kleines **Museum** (tgl. 9–17 Uhr).

Am Parkplatz und in Papantla kann man zu bestimmten Zeiten **Voladores** (s. S. 43) erleben. Ihre Darbietung ist die Hauptattraktion der einwöchigen Fronleichnamsfeiern im Juni.

Über die Industriestadt Poza Rica führt die kurvige, viel befahrene Mex 130 nach Mexiko-Stadt (ca. 300 km).

Von Veracruz Richtung Osten

Östlich von Veracruz (Karte S. 80/81) durchfährt man Zuckerrohr- und Reisfelder, Tabak- und Obstplantagen. Am Río Papaloapan liegt das zauberhafte Städtchen **Tlacotalpan ⓭, das bei

***Oaxaca → **San Cristóbal → ***Palenque → **Bonampak   Tour 6

der *Feria de Candelaria* (um den 2. 2.) zu fröhlichem Leben erwacht. In **Santiago Tuxtla** und **San Andrés Tuxtla** ⓰ erinnern Kolossalköpfe im Stadtbild und in Museen an die Olmeken.

Der malerische **Catemaco-See** lädt zur Erholung auf der Fahrt nach Yucatán ein (schöne Hotels; Bootsfahrten).

Villahermosa ⓱

Die Hauptstadt des Bundesstaates Tabasco (500 000 Einw.) ist vom Wasser geprägt. Mächtig schiebt sich der Río Grijalva durch die Stadt, parkähnlich gestaltete Lagunenufer sind Oasen im Trubel. Südlich des Stadtzentrums Zona Luz lohnt das *Centro de Investigaciónes de las Culturas Olmecas y Mayas (u. a. Kopien der Fresken von Bonampak; Di–So 9–19 Uhr) den Besuch. Bedeutendste Attraktion ist der **Parque La Venta (westl. Stadtrand; tgl. 8–16 Uhr) mit rund 30 Basaltfiguren der Olmekenkultur im Freien.

> **i** **Instituto de Turismo de Tabasco,** Av. De los Ríos, Tabasco 2000, Tel. (993) 3 10 97 00, www.visitetabasco.com

Hyatt, Juárez 106, Tel. 3 10 12 34, www.hyatt.de. Große Anlage mit allem Komfort, beliebte Disko. ○○○
■ **Cencali,** Juárez/Paseo Tabasco, Tel. 3 15 19 99, www.cencali.com.mx. Freundliches Hotel im Kolonialstil. ○○

★ Ein Erlebnis ist eine Grijalva-Fahrt mit dem Restaurantschiff **Capitán Beulo II,** Tel. 3 12 92 09.

Von Villahermosa kann die Fahrt nach Yucatán fortgesetzt werden: Die Straße durchs Landesinnere ist gut ausgebaut (Abstecher nach Palenque: siehe S. 86); schöner ist die Küstenstrecke.

Tour 6

Das südliche Bergland

***Oaxaca → **Monte Albán
→ **San Cristóbal de las Casas
→ ***Palenque → **Yaxchilán
→ **Bonampak

Oaxaca und Chiapas gehören zu den kulturell reichsten, aber auch zu den ärmsten Regionen Mexikos, die überwiegend indianisch geprägt sind. In Oaxaca leben Nachfahren der Zapoteken und Mixteken, die in Monte Albán und Mitla ihre großartigen Spuren hinterlassen haben, in Chiapas sind es verschiedene Maya-Gruppen. In abgelegenen Dörfern im Bergland haben sie ihre Traditionen bewahrt. Was Touristen als farbenprächtiges Bild einer ursprünglichen Kultur erscheinen mag, ist mit gewaltigen sozialen Problemen verbunden. Der Aufstand in Chiapas Anfang 1994 (s. S. 85) hat massiv daran erinnert.

6
Karte Seite **80**

Landwirtschaft ist der Haupterwerbszweig der Region. Kaffee- und Kakaoanbau dominieren in Chiapas; in Oaxaca hingegen ließen Trockenheit, Überweidung und die Abholzung des dichten Waldes Kakteensteppen entstehen. Nur mittels Bewässerung kann angebaut werden, und weil es immer weniger Arbeit gibt, wandern viele Campesinos in die USA ab.

Die anheimelnden Kolonialstädte Oaxaca und San Cristóbal des las Casas eignen sich gut als Standort für Ausflüge in die jeweilige Umgebung, die 3–5 Tage in Anspruch nehmen, Ruinen und indianisches Leben zeigen.

77

***Oaxaca

Der Charme von Oaxaca (1545 m; 380 000 Einw.) liegt in der lebendigen Mischung indianischer Traditionen und kolonialer Pracht. Populärer Treffpunkt ist der *Zócalo, ein schattiger Platz unter Lorbeerbäumen mit dem *kiosco* als Bühne für Marimba-Musiker und die staatliche *banda* (Blaskapelle), die sich allabendlich mit unterhaltsamen Konzerten abwechseln.

Oaxacas Atmosphäre schnuppert man am besten in einem der zahlreichen Cafés, Bars und Restaurants unter den umlaufenden Arkaden. Besonders beliebt als Logenplatz: das **Café El Jardín.**

Kirchen gibt es in Oaxaca beinahe an jeder Straßenecke. Die Fassade der **Kathedrale** (1544–1740; durch Erdbeben mehrfach zerstört) am Zócalo wurde von indianischen Künstlern gestaltet. Die wichtigste aller Verehrungstätten ist die der Schutzheiligen gewidmete *Basílica de La Soledad (Av. Independencia) mit reichem Fassadenschmuck (Ende 17. Jh.).

Karte Seite 80

Die Klosterkirche **Santo Domingo aus dem 16. Jh. bleibt in ihrer Schönheit unübertroffen – Oaxacas Paradestück des üppigen mexikanischen Barock. Golden und bunt bemalte Heiligenfiguren schmücken die *Capilla del Rosario («Rosenkranzkapelle»).

Das *Centro Cultural Santo Domingo* im restaurierten Kloster beherbergt das **Museo de las Culturas de Oaxaca** mit dem kostbaren *Mixtekenschatz, den der Archäologe Alfonso Caso 1932 auf dem Monte Albán im Grab 7 entdeckt hatte: wundervollen Gold- und Jadeschmuck, Alabastergefäße und Einlegearbeiten. Andere Säle sind verschiedenen Epochen, dem Alltag der Indígenas, Kunst und Kunsthandwerk in Oaxaca und den Restaurierungsarbeiten selbst gewidmet (Di–So 10–20 Uhr).

Im Patiobau des **Museo de Arte Prehispánico Rufino Tamayo** (Morelos 503) sind Hinterlassenschaften aller Hochkulturen Mexikos vereint (Mo, Mi–Sa 10–14, 16–19, So 10–15 Uhr).

An den Zapoteken Benito Juárez, den einzigen Indianer, der je Präsident war (s. S. 20), erinnert ein kleines Museum in der García Vigil.

Tanzen für die Götter

Unter Oaxacas zahlreichen Festen ist die **Guelaguetza** (indian. für »Darbietung«) das bedeutendste. Sie knüpft an vorspanische Traditionen an, als die Götter mit Opfergaben etwa um eine gute Ernte gebeten wurden. Heute gestaltet sich das Fest an den letzten zwei Montagen im Juli als populäres Spektakel, bei dem Tänzer aus allen Regionen des Staates in farbenprächtigen Trachten traditionelle Tänze vorführen und Geschenke unter die Zuschauer werfen. Schauplatz ist ein Freilichtauditorium auf dem *Cerro del Fortín* über der Stadt. Guelaguetza-Tänze sind auch im Folkloreprogramm der Hotels zu erleben. Das Fest der **Virgen de la Soledad** wird vom 18. Dezember bis Weihnachten mit Umzügen und Feuerwerk gefeiert, und in der **Noche de los Rábanos** (»Nacht der Radieschen«; 23. Dez.) werden kunstvoll und lustig geschnitzte Radieschenfiguren ausgestellt.

***Oaxaca → **San Cristóbal → ***Palenque → **Bonampak   Tour 6

Karnevalstanz der Chamula

Mexikaner lieben Agavenschnaps

Der ehem. Gouverneurspalast am Zócalo wurde zum **Museo del Palacio** (Mi–Mo 11–17 Uhr); ein weiteres Museum stellt die *Pintores Oaxaqueños* (Maler aus Oaxaca) vor (Av. Independencia/García Vigil, Di–So 10–18 Uhr).

Einzigartig sind die ****Märkte**, v. a. der große **Wochenmarkt** *(tianguis)* in der Nähe des 2.-Klasse-Busbahnhofs (Sa) und der bunte **Mercado Benito Juárez** im Zentrum (tgl.). Kunsthandwerk auch in der Fußgängerzone **Macedonio Alcalá.**

Av. Juarez 703, Tel. (951) 5 02 12 00, www.aoaxaca.com

Flughafen: 8 km südlich
Busbahnhöfe: 1. Kl.: Av. Niños Héroes. **2. Kl.:** Periférico West (Busse in die Umgebung); zum **Monte Albán** mehrmals tgl. ab Hotel Mesón del Angel, Minas 518

Camino Real, 5 de Mayo 300, Tel. (951) 5 16 06 11, www.camino-real-oaxaca.com. Schönes Hotel im früheren Kloster Sta. Catalina; Pool, Folkloretänze. ○○○

▪ **Exconvento de S. Pablo,** Fiallo 102, Tel. 5 16 49 14, www.oaxaca-hotel-group.com/san-pablo.htm. Ein weiteres stilvolles Klosterhotel. ○○○

▪ **Marqués del Valle,** Portal de Clavería, Tel. 5 14 06 88, www.hotelmarquesdelvalle.com.mx. Traditionelles Haus am Zócalo. ○○

▪ **Antonio's,** Av. Independencia 601 (Centro Histórico), Tel. 5 16 72 27, Fax 5 16 36 72. Zentral, preiswert. ○

Die lokale **Küche** ist schmackhaft und gehaltvoll; man isst spätnachmittags, z. B. zu Hühnerfleisch: *mole negro,* schwarze Soße; *almendrado,* Soße mit Zimt und Mandeln; *coloradito,* Tomaten-Chili-Soße; *amarillo,* gelbe Soße aus Chili und Kreuzkümmel; außerdem *tamales* oder *chiles rellenos de picadillo,* mit Fleisch gefüllte Chilischoten. *Chapulines,* Heuschrecken, werden geröstet angerichtet.

Heiße Rhythmen im Keller, frische Pizza im Erdgeschoss und in der Beletage ein gepflegtes Restaurant vereint **El Sagrario** (Valdivieso 120, Tel. 5 14 03 03). ○○

Fonda de Santo Domingo, 5 de Mayo 411, Tel. 5 14 89 24. Regionale Küche in einem hübschen Haus mit mehreren Räumen. ○

Karte Seite 80

Tour 6 Das südliche Bergland

- **El Naranjo,** Trujano 203, Tel. 5 14 18 78. Mole-Gerichte. ○○
- **Catedral,** García Vigil 105, Tel. 5 16 32 85. Schöner Patio, gute Küche; Frühstücksbüffet. Bis 2 Uhr offen. ○○

Ausflüge von Oaxaca

Auf dem 400 m über dem Tal gelegenen ****Monte Albán** (Busse) wartet die Vergangenheit immer wieder mit Überraschungen auf. Erst vor einigen Jahren stießen die Forscher nahe den Tempeln und Palästen auf Wohnquartiere der einfachen Bevölkerung. Lange Zeit ging man davon aus, dass Monte Albán ausschließlich als Zeremonialzentrum genutzt wurde.

Von der Südplattform hat man einen schönen Blick auf das Tal von Oaxaca und auf die architektonisch einmalige Anlage. Monte Albán ist eine der ältesten Kultstätten Mesoame-

Bezaubernde Artesanía

Oaxaca ist ein Zentrum der *Artesanía*. Jedes Dorf ist auf einen anderen Handwerkszweig spezialisiert. Manche Tradition wurzelt in der Kolonialzeit, als Missionare den Webstuhl einführten und die Cochenillelaus als Farblieferanten züchteten. Die Weber in **Teotitlán del Valle,** die sich mit Mustern von der Zapoteken-Gottheit bis zur Picasso-Reproduktion dem Käufergeschmack anpassen, sind stolz, dass ihre Naturfarben wieder gefragt sind.

Aus **San Bartolo Coyotepec** stammt die schwarze, fein polierte Keramik, die ohne Töpferscheibe hergestellt wird. Sie ist stabiler als die grün glasierten Gefäße und Tierfiguren (Kressetiere) aus **Santa María Atzompa.** Erst vor wenigen Jahren entwickelte sich in **Arrazola** ein neuer Kunstzweig: Fantasievolle Fabelwesen – *alebrijes* – werden aus Holz geschnitzt und fröhlichbunt bemalt. In den Dörfern kann man den Künstlern und Handwerkern bei der Arbeit zusehen und ihre Waren erstehen.

SÜDLICHES BERGLAND UND ISTHMUS VON TEHUANTEPEC

TOUREN 5 UND 6

Hauptbadeorte

***Oaxaca → **San Cristóbal → ***Palenque → **Bonampak   Tour 6

rikas. In ihrer ersten Phase zeigt sie deutlich Einflüsse der Olmeken (500 bis 200 v. Chr.), besonders am **Edificio de los Danzantes.** Das »Gebäude der Tänzer« war mit Steinplatten bedeckt, deren Reliefs Menschen in seltsamen Verrenkungen abbilden. Hier finden sich auch die ältesten Bildschriftzeichen der Region. Kleinere Reliefs mit Figuren und Hieroglyphen zieren die Wände des sog. Observatoriums (in der Mitte des großen Platzes). Fast alle Bauwerke stammen aus der Blütezeit zwischen 500 und 800 n. Chr. Danach gaben die Zapoteken die Stadt auf. Nach 1250 machten die Mixteken die Gräber an den Abhängen des Berges zu ihrer Totenstätte. Als die Azteken um 1490 Monte Albán eroberten, verfiel die Stadt (tgl. 8–18 Uhr).

Unweit des Monte Albán (18 km) liegt das Dorf **Zaachila,** in dem zwei mit Stuckfiguren geschmückte Grabkammern freigelegt wurden.

Karte Seite 80

Ausgezeichnete regionale Spezialitäten serviert der rustikale **Comedor Típico Zaachila** am Ortseingang. ○

Leider nur Reste schöner schwarzweißer und farbiger Fresken erinnern an früheres Dekor im *Kloster von **Cuilapan**. Eindrucksvoll ist die unvollendete Säulenhalle der Basilika (16. Jh).

Dörfer und Tempel

Mitla (48 km; s. u.) allein wäre Grund genug, sich auf die 48 km Weg zu machen, doch entlang der Straße 190 nach Tehuantepec locken Abstecher in indianische Dörfer und zu kleineren archäologischen Stätten.

Einmalig ist der **Baum von Tule**, ein 40 m hoher, angeblich 2000 Jahre alter Sabinobaum mit 42 m Umfang.

Tlacochahuayas Kirche besticht durch naive Fresken von Vögeln, Blumen und Engeln.

Die archäologische Zone **Dainzú** in reizvoller Hügellandschaft hat Steinreliefs und einen Ballspielplatz.

In **Teotitlán del Valle** dreht sich das Leben um die Teppichweberei.

Lambityeco, um 700 n. Chr. erbaut, wartet mit bemerkenswerten Stuckmasken des zapotekischen Regengottes Cocijo auf.

Wegen seines indianisch geprägten **Marktes** ist das Dorf **Tlacolula** vor allem sonntags einen Abstecher wert.

*Yagúl, die hoch gelegene Zapoteken-Mixteken-Kultstätte vom Anfang des 6. Jhs., besitzt den größten Ballspielplatz des Tales sowie eine labyrinthartige Palastanlage. Der Aufstieg zur »Festung« lohnt vor allem der schönen *Aussicht wegen.

Mitla ㊵, im 10. Jh. zunächst wohl als politisches Zentrum entstanden, war vermutlich die Totenstadt der Zapoteken. Auch hier haben es die Spanier nicht versäumt, mitten in die Palastanlage eine Kirche mit den Steinen der Ruinen zu erbauen. Fünf Gebäudekomplexe sind freigelegt.

Mit äußerster Präzision wurden als Wandschmuck kleine und dachziegelgroße Steine in immer neuen Formen zu geometrischen Ornamenten gefügt. »Versteinerte Gewebe« hat man sie genannt. Am schönsten sind die des Innenhofs im »Palast der Säulen«. Für das mäanderartige Mosaik sollen allein 100 000 Steine bearbeitet worden sein (tgl. 8–17 Uhr).

Das Museo de Arte Zapoteca (Museo Frissell) im Dorf zeigt eine kleine, kostbare Sammlung zapotekischer Kunst in einem hübschen Patiohaus, zu dem auch ein Café gehört.

Textilien und *mezcal* (Agavenschnaps) werden vorwiegend als Souvenirs angeboten, sowohl in Geschäften wie auch auf dem Kunsthandwerksmarkt.

Die Panamericana ostwärts

250 km landschaftlich großartiger Fahrt über eine kurvenreiche Strecke liegen zwischen Oaxaca in 1600 m Höhe und der Landenge von Tehuantepec. Wenig mehr als 200 km trennen hier Atlantik und Pazifik. Eine Straße durch üppige Tropenvegetation (Kokospalmen, Bananen, Baumwolle) und für den Frachtverkehr eine Bahnlinie zwischen den Häfen Salina Cruz und Coatzacoalcos bilden die Verbindung über den Isthmus.

Rund 15 km vor Tehuantepec zweigt ein Weg ab zur wenig bekannten zapotekischen Festungsstadt **Guiengola**, die eine hohe Mauer umgibt (vom Parkplatz ca. 1 Std. Fußmarsch).

Tehuantepec ❹ (150 m) und **Juchitán** (80 000 Einw.) leben von Landwirtschaft und Fischerei. Ihre Fiestas (Ostern, Patronatsfeste im Jan./Febr.) werden farbenprächtig gefeiert.

Die Panamericana steigt östlich des Isthmus langsam an; nach 300 km erreicht man die moderne Hauptstadt des Staates Chiapas, **Tuxtla Gutiérrez** ❺ (522 m; 450 000 Einw.). Das *Museo Regional de Chiapas zeigt Fundstücke der Maya-Kultur (P. Madero, Di–So 10–18 Uhr). Im *Zoo leben vom Aussterben bedrohte Urwaldtiere, z. B. Jaguare.

1000 Meter ragen die Felswände in der Sumidero-Schlucht auf

ℹ Blvd. Belisario Domínguez 950, Tel. (961) 6 02 51 27, www.turismochiapas.gob.mx

Flughafen: nahe Chiapa de Corzo
Busbahnhöfe: 1. Kl. (Colón): 2 Av. Norte Pte.; **1./2. Kl.** (Transp. Tuxtla): 2 Av. Sur Oriente 712

🏠 **Bonampak,** Blvd. B. Domínguez 180, Tel. (961) 6 13 20 47, Fax 6 12 77 37. Nette Bungalows im Garten, gutes Restaurant. ⚪⚪
■ **Holiday Inn,** Blvd. B. Domínguez 1081, Tel. 6 17 10 00, www.hotelesfarrera.com.mx. Modernes Haus mit allem Komfort. ⚪⚪

🍴 Der Genuss von *Tamales* und anderen Spezialitäten aus Chiapas wird zusätzlich gewürzt mit einer Folkloreshow im **Las Pichanchas,** Av. Central 837. ⚪⚪

Eine 22 km lange Aussichtsroute führt entlang der **Sumidero-Schlucht** mit spektakulärem Blick auf den 1000 m tiefer liegenden Río Grijalva. Von **Chiapa de Corzo** ❻ (32 000 Einw.; 12 km) starten Boote in den Cañon und zum Abenteuer- und Freizeitpark »Cañon de Sumidero«. Ungewöhnliches Bauwerk in dem Kolonialstädtchen ist ein Backsteinbrunnen im maurischen Stil (16. Jh.). Das **Museo de la Laca** zeigt Lackarbeiten. Vom 15. bis 23. Jan. wird ein großes Volksfest zu Ehren der Heiligen Sebastian und Antonio gefeiert.

San Cristóbal de las Casas ❼

Auf den 85 km in die 1600 m höher gelegene 140 000-Einwohner-Stadt mag einem manchmal der Atem stocken – wegen der waghalsigen Fahrmanöver der Mexikaner und vor allem wegen der traumhaften Ausblicke auf das Bergland. Charakteristisch für San Cristóbal sind die einstöckigen, teils in kräftigen Farben gestrichenen Häuser.

Täglich kommen Maya-Indianer der umliegenden Dörfer auf dem großen **Markt** zum Kaufen, Verkaufen und Tauschen zusammen.

*Na Bolom (»Haus des Jaguars«, Vicente Guerrero 33), das Museum im früheren Haus des Archäologen Frans Blom und der Fotografin Gertrude Duby-Blom, informiert über die Kultur der *Lakandonen* (s. S. 86). Auch Hotel und Restaurant (⚪⚪). Tgl. 9–18 Uhr, www.nabolom.org

Tour 6 Das südliche Bergland

Täglich kommen die Hochlandmaya zum Markt von San Cristóbal

Weitere Museen: Museo del Ambar (Bernstein) im Ex-Convento La Merced; **Centro de Desarollo de la Medicina Maya** (Museum zur Entwicklung der Maya-Medizin; 500 m nördl. des Mercado Municipal, tgl.).

Die Umgebung eignet sich gut zum Wandern, Reiten und Radfahren. Fahrräder vermieten **Los Pinguinos**, Avenida Ecuador 4-B, Tel. 6 78 02 02, www.bikemexico.com.

Im **Rathaus**, Pl. 31 de Marzo; Mo–Sa 8–13, 15–20, So 9–14 Uhr

Hotel Catedral, Guadalupe Victoria 21, Tel. (967) 6 78 53 56, Fax 6 78 13 63. Großes, freundliches Haus mit unterschiedlichen Zimmern, überdachter Pool, zentrale Lage. ⊙⊙
Posada Diego de Mazariegos, María A. Flores 2, Tel. 6 78 08 33, www.diegodemazariegos.com. Komfortables Kolonialhaus. ⊙⊙
Santa Clara, Insurgentes 1, Tel. 6 78 11 40, hotelstaclara@hotmail.com. Ehemaliges Herrenhaus (16. Jh.) mit gemütlichen Zimmern, Pool. ⊙

Hervorragende regionale Küche, begleitet von Marimba-Musik, serviert **El Fogón de Jovel,** 16 de Septiembre 11, Tel. 6 78 25 57. ⊙⊙
La Paloma, Hidalgo 3. Tropengrün unterm Glasdach, kreative Küche. ⊙⊙
Maya Pakal, Madero 28 A. Große Portionen, kleine Preise. ⊙

Webarbeiten und bestickte Blusen werden vor der Kirche **Santo Domingo** angeboten. Im angrenzenden Klostergebäude (Regionalmuseum) kann man handgearbeitete Textilien von bester Qualität erstehen.

Coole Typen und heiße Rhythmen, Live-Musik und Show findet man in der Disco **Palace Antro Mix** (Av. C. Rosas 59, Tel. 6 78 26 00).

Ausflüge von San Cristóbal

In der Umgebung von San Cristóbal liegen Dörfer der Tzotziles und Tzeltales (Hochlandmaya), die Einblick in die Welt ihrer Bewohner geben (organisierte Touren 9/9.30 Uhr ab Kathedrale; Colectivos ständig ab Markt).

***Oaxaca → **San Cristóbal → ***Palenque → **Bonampak   Tour 6

Von den Touristen wird Zurückhaltung und Respekt erwartet. In Kirchen darf man nie fotografieren!

In **Zinacantán** tragen die Männer lange helle Hemden, bunte Bänder zieren die flachen Strohhüte der Junggesellen. Kunstvoll drapieren die Frauen aus ****San Juan Chamula** Bahnen schweren Wollstoffs um die Hüften und blaue Wolltücher auf dem Kopf, die Männer wärmen sich mit weißen Ponchos. Die Kirche darf man nur mit Genehmigung betreten (im Rathaus zu kaufen). Wichtigste **Feste** sind Karneval und die Karwoche.

Die in allen Farben schimmernden Seen im Nationalpark ***Lagunas de Montebello** sind erholsames Tagesziel; ihr Besuch kann mit dem der kleinen, landschaftlich reizvollen archäologischen Zone von Chinkultic verbunden werden. Die Straße führt weiter über Frontera Corozal/Bonampak nach Palenque (ca. 500 km).

Ein bewährter Veranstalter von Ausflügen ist **Senda Sur,** Calle Real de Guadalupe 23, Tel. 6 78 39 09, info@sendasur.com

Würdenträger der Chamula-Indianer

B. Traven: »Der Marsch ins Reich der Caoba«, »Trozas«, u. a. Romane; »Land des Frühlings« (Reisebericht der 1920er Jahre). **Rosario Castellanos:** »Die neun Wächter« (autobiograf. Roman), »Das dunkle Lächeln der Catalina Diaz« (Roman über Indianeraufstand vor 100 Jahren).

Aufstand der Zapatistas

San Cristóbal ist in die internationalen Schlagzeilen geraten, als die ruhige Kleinstadt am 1. Januar 1994 von Zapatisten besetzt wurde. Wie zu Revolutionszeiten Zapatas forderten sie »Land und Freiheit« für die Indígenas. Nach zwölf Tagen Kampf gegen das Militär (mit 160 Toten) wurde Waffenruhe vereinbart, Friedensverhandlungen indes wurden 1996 ergebnislos abgebrochen. Präsident Vicente Fox versprach bei seinem Amtsantritt im Jahr 2000 den Konflikt schnell zu lösen. Doch eine Gesetzesvorlage über mehr autonome Rechte der Indígenas wurde 2001 so eingeschränkt verabschiedet, dass die Zapatisten daraufhin den Kontakt mit der Regierung abgebrochen haben. 2006 mischten sich die Zapatisten mit der »anderen Kampagne« in den Wahlkampf ein. Über die Hintergründe des Konflikts gibt es Informationen, z. B. im Kulturzentrum »Café el Puente«.

Tour 6 Das südliche Bergland

Hinunter ins Tiefland

Die übliche Route nach Palenque (230 km; 4 Std. mit 1.-Klasse-Bus) führt über **Ocosingo** (170 000 Einw.); eine Straße zweigt ab zur Mayastätte ****Toniná** ㊾, in der Ausgrabungen ein zigartige Stuckreliefs, z. B. das Erdmonster am Templo de la Agricultura, und Stelen ans Licht brachten (Museum). Der Ballspielplatz zählt zu den größten der Maya-Welt. Ein Stuckfries (16 m lang, 4 m breit) schildert den Mythos der »vier Sonnen«.

Die Wasserfälle von ****Agua Azul** ㊾, die sich in mehrere große Becken ergießen, bringen entspannende Frische auf der Fahrt vom kühlen Gebirge ins tropische Tiefland.

Ein ähnliches Vergnügen genießt man bei ***Agua Clara** (nahebei) und etwa 20 km vor Palenque bei den 40 m hohen Kaskaden von ***Misol-Ha.**

In Agua Clara und Misol-Ha einfache Unterkünfte (○).
Campingmöglichkeit in Agua Azul.

Im Reich der Caoba

Östlich von San Cristóbal liegt das Land der Lakandonen, die als Nachkommen der Maya gelten. Bis im 19. Jh. Holzgesellschaften die **Selva Lacandona** und ihren Reichtum an Edelhölzern, insbesondere Mahagoni *(caoba)* entdeckten, lebten sie unbehelligt von Konquistadoren und Missionaren im dichten Urwald. Den raubeinigen Holzfällern folgten die Ölgesellschaften, und um Weiden für die wachsenden Rinderherden zu schaffen, wird das letzte Stück Regenwald in Mexiko weiter abgeholzt.

***Palenque ㊿

Eine der faszinierendsten archäologischen Stätten in ganz Mexiko liegt versteckt in einer Hügelzone der feuchtheißen Golfküstenebene. Ihre bedeutendsten Bauten entstanden zwischen 600 und 800 n. Chr. Den Mittelpunkt bildet der **Palast.** Um seinen Turm drängt sich ein zweigeschossiger verschachtelter Komplex aus Höfen, Galerien und Innenräumen, geschmückt mit Stein- und Stuckreliefs.

Im **»Tempel der Inschriften«** *(Templo de las Inscripciones)* entdeckte 1949 der mexikanische Archäologe Alberto Ruz Lhuillier eine Grabkrypta mit einem Steinsarkophag (1952 geöffnet), in dem der Herrscher Pakal mit kostbaren Beigaben aus Jade beigesetzt war (Besuchsgenehmigung im Museum erhältlich, limitiert).

Seit 1999 überraschten Archäologen mit sensationellen Entdeckungen an den **Tempeln XIX, XX** und **XXI,** darunter ein zweites reiches – unversehrt gebliebenes – Königsgrab.

Jenseits des Baches liegen **Kreuz-, Sonnen-** und **Laubkreuztempel,** alle mit Firstaufsätzen und Reliefs verziert. Hinter der Nordgruppe führt ein Waldpfad vorbei an jüngst freigelegten Tempeln und Pyramiden zum **Museum** an der Straße (Di–So 10–16 Uhr).

Minibusse zur archäologischen Zone halten am Maya-(Kopf-)Denkmal am Ortseingang.

Misión Palenque, Rancho San Martín de Porres, Tel. (916) 3 45 02 41, www.hotelesmision.com. Modernes Hotel in ehem. Ranch mit angenehm großen Zimmern. ○○○
■ **Chan Kah Resort Village,** Carr. Ruinas, Tel. 3 45 11 34, www.chan-kah.com.mx. Tropische Bungalowanlage mit schöner Pool-Landschaft. ○○

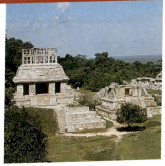

In Palenque birgt der Urwald noch so manches Geheimnis

🍴 **La Selva,** nahe dem Maya-Denkmal, Tel. 3 45 03 63. Gutes Essen in schöner Atmosphäre. ○○

**Yaxchilán – **Bonampak

Yaxchilán und Bonampak, beide wie Palenque Ruinen der klassischen Maya-Zeit (450–900 n. Chr.), sind am besten im Rahmen von Tagesausflügen ab Palenque zu erkunden. Ab Frontera Corazal Bootsfahrt nach Yaxchilán (Übernachtung ggf. im Hotel **Escudo Jaguar,** ○). In Lacanjá (nahe Bonampak) bieten Lakandonen Unterkunft in der Hängematte an.

Am Grenzfluss zu Guatemala, dem Río Usumacinta, verbirgt sich in dichtem Dschungel ****Yaxchilán,** eine geheimnisvoll-faszinierende Stadt der Pyramiden, Paläste, Galerien, Höfe und Plattformen.

**Bonampak beeindruckt durch seine Lage im hügeligen Urwaldgebiet. An einer monumentalen Treppe konzentrieren sich kleine Tempel, einer ist in drei Räumen ausgemalt mit Szenen aus dem Leben der Maya. Die Fresken sind zwar verblasst, aber immer noch faszinierend. Gute Kopien sind in den Anthropologischen Museen in Mexiko-Stadt (s. S. 42) und Villahermosa (s. S. 77) zu sehen.

Tour 7

Maya-Welt Yucatán

*Campeche → **Edzná → ***Uxmal → **Mérida → **Chichén Itzá → **Riviera Maya → **Cancún

Dichter Buschwald im Norden, Regenwald im Süden – Yucatáns gleichförmige flache Landschaft birgt eine Fülle von Kunstschätzen. Neugierde auf die vorspanischen Kulturen lässt sich hier perfekt mit Faulenzen und Wassersport an karibischen Stränden verbinden.

⭐ Alle **archäologischen Zonen** sind tgl. von 8 bis 17 Uhr geöffnet, Chichén Itzá sogar bis 18 Uhr.

**Campeche

Im 17./18. Jh. wurde die hübsch restaurierte Stadt (180 000 Einw.), seit 1999 UNESCO-Welterbe, zum Schutz vor Piraten mit einer Festungsmauer umgeben. Heute lagern in den Bastionen Kunstschätze und Kunsthandwerk. Das Museo de Arqueología im **Fuerte de San Miguel** hütet den größten archäologischen Schatz des Staates Campeche, v. a. Grabbeigaben aus Calakmul (Di–So 9–20 Uhr).

ℹ️ **Secretaría de Turismo,** Pl. Moch Couoh, Tel. (981) 8 11 92 29, www.campechetravel.com

🏠 **Hacienda Puerta Campeche,** Calle 59, No. 71 (zw. Calle 16 u. 18), Tel. (981) 8 16 75 08, www.luxury collection.com. 15 luxuriöse Zimmer und Suiten in restaurierten Häusern des 17. Jhs. Ausgezeichnetes Restaurant, origineller Pool. ○○○

Karte Seite 90

- **Plaza Campeche,** Calle 10 No. 126 A, Tel. 811 99 00, www.hotelplaza campeche.com. Im historischen Zentrum, hübsch restauriert. ○○

- **La Pigua,** Av. Miguel Alemán 197, Tel. 8 11 33 65; 12–17 Uhr. Köstlichkeiten aus dem Meer. ○○
- **Casa Vieja,** Calle 10, Altos de los Portales Revolución, Tel. 8 11 80 16. Logenplatz mit dem bestem Blick auf Kathedrale und Parque Principal. ○○
- **La Parroquia,** Calle 55 (zwischen C. 10 u. 12). Urige Atmosphäre, große Portionen, gute Fischgerichte. ○

Edzná 54

(65 km südöstl. Campeche) 300 bis 600 v. Chr. gegründet, erlebte Edzna 600–900 seine Blütezeit. Bemerkenswert sind die Plaza Principal, dominiert vom **Edificio de los Cinquo Pisos** (»Gebäude der 5 Etagen«) und riesige Stuckmasken an kleineren Tempeln.

***Uxmal** 55

80 km vor Mérida liegt Uxmal, ein harmonisches Musterbeispiel für den **Puuc-Stil** der klassischen Maya-Periode (7.–10. Jh.), der sich durch reichen plastischen Fassadenschmuck auszeichnet, in dem immer wieder die Maske des Regengottes Chac auftaucht. Modell für den gebogenen »Rüssel« stand die Schlange – nach anderen Interpretationen der Tapir.

An heutige Maya-Hütten denken lässt der im Vergleich mit anderen Tempelbauten ungewöhnliche ovale Grundriss der 38 m hohen ****Pyramide des Wahrsagers,** in der sich fünf überbaute Tempel befinden.

Der **Gouverneurspalast** ist mit geometrischen und figürlichen Dachfriesen geschmückt. Vom »Taubenhaus« **(Palomar)** ist nur die Fassade mit der gezackten Dachkonstruktion erhalten.

Eindrucksvoll ist der Komplex des ****Nonnenklosters,** wie das Geviert lang gestreckter Gebäude genannt wird. Das reiche Steindekor am Fries zeigt geometrische »Steinnetze«, stilisierte Regengottsymbole, »Gefiederte Schlangen« und Miniaturhäuser.

Ideal für einen Besuch sind die Tagesrandzeiten; **Licht-und-Ton-Schau** Winter 19, Sommer 20 Uhr.

Hacienda Uxmal, kolonialer Charme, und **The Lodge at Uxmal,** eleganter Maya-Hüttenstil. Buchung f. beide: Tel. (998) 8 87 24 50, www.mayaland.com. ○○○

Karte Seite 89

Heilige Cenotes

Cenotes sind meist kreisrunde, tiefe steilwandige Wasserbecken, die die Maya *dzonot* nannten. Im südöstlichen Küstengebiet regnet es wenig und versickert das Wasser schnell im porösen Kalkgestein, sodass die *cenotes* wichtige Trinkwasserreservoirs waren. Daher opferten die Maya in ihnen dem Regengott Chac. Kalkgebiete sind bekannt für unterirdische Flüsse und Höhlensysteme. Mit dem Einsturz von Höhlendecken erklärt man die Entstehung der tiefen *cenotes,* die noch in einigen Dörfern als Brunnen dienen und andernorts (Dzitnup, Dzibilchaltún, Valladolid) in Pools verwandelt wurden.

*Campeche → ***Uxmal → ***Chichén Itzá → **Cancún **Tour 7**

Villas Arqueologicas de Uxmal, Tel. (997) 9 74 60 20, www.clubmed villas.com. Freundliche Bungalowanlage. ○○○

Cafetería auf dem Gelände; **La Palapa de la Posada** (gehört zur Lodge; ○○); Hotelrestaurants. ○○

Die Puuc-Region

In *****Kabah** (20 km südöstl. von Uxmal) wurden die Gebäude bislang nur zum Teil vom Trockenwaldgestrüpp befreit. Markant ist das **Codz-Poop-Gebäude** mit einer Fassade aus 250 Regengottmasken. Jenseits der Straße steht ein Zeremonialtor (Maya-Bogen) am Beginn einer einst 15 km langen gepflasterten Straße *(sacbé)* nach Uxmal.

*****Sayil** hat einen riesigen Palast: 90 m lang, auf drei Ebenen errichtet und reich mit Säulen, Regengottmasken und Reptilienfiguren geschmückt. In **Xlapak** ist ein Palast mit markanten Regengottmasken sehenswert.

******Labná** fasziniert durch seine Gesamtanlage im dichten Buschwald mit weitläufiger dreistöckiger Palastanlage, einem hohen Turm und *****Zeremonialbogen** zwischen zwei Höfen.

Höhlenmalereien deuten darauf hin, dass die *****Tropfsteinhöhle** von **Loltún** schon 2500 Jahre v. Chr. von den Maya bewohnt war.

Auf halbem Weg von Oxcutzcab nach Mérida liegt die Anlage *****Mayapán,** wo jüngste Ausgrabungen interessante Details (Stuck, Malerei) zum Vorschein brachten. Die Kirche von **Acanceh** duckt sich neben einer Pyramide am Hauptplatz, die mit eindrucksvollen Stuckmasken überrascht.

*Mérida

Yucatáns Hauptstadt (ca. 1 Mio. Einw.) wurde 1542 auf den Ruinen einer Maya-Stadt gegründet. Die *****Casa Montejo** mit platerester Fassade (1549; heute Bank) stammt aus der Kolonialzeit. Stimmungsvoll spiegelt die von Kolonnaden umgebene *****Plaza Mayor** mit der Kathedrale von 1595, dem Rathaus und dem Gouverneurspalast ihre spanische Vergangenheit wider. Im Palacio Cantón (Nr. 485, zw. Calle 56 u. 58) zeigt das **Archäologische Museum** u. a. Schätze aus dem Opferbrunnen von Chichén Itzá. Merida besitzt einen traditionellen **Markt** (C. 56/67), auf dem neben Kunsthandwerk einfach alles angeboten wird.

Täglich **Folkloreprogramme** im Teatro P. Contreras, im Kulturzentrum Olimpo oder auf dem Hauptplatz. Infos in der Zeitung »Yucatán Today«, die im Touristenbüro erhältlich ist; www.yucatantoday.com).

Teatro Peón Contreras und **Palacio de Gobierno,** Zócalo; Tel. (999) 930 37 60, 924 92 90, www.mayayucatan.com, tgl. 9–20 Uhr
Palacio Municipal, Tel. 9 28 20 20, www.merida.gob.mx

Karte Seite 89/90

Flughafen: 7 km vom Zentrum.
Busbahnhöfe: 1. Klasse: C. 70 (zw. C. 69 und C. 71); **2. Klasse:** C. 69 (zw. C. 68 und C. 70). Tagesfahrten zu archäologischen Zonen.

Casa del Balam, Ecke C. 60/57, Tel. (999) 9 24 88 44, www.casadelbalam.com. Gepflegtes Kolonialhaus nahe dem Zócalo. ○○○
▪ **Maison Lafitte,** Calle 60 x 53/55, Tel. 9 28 12 43, www.maisonlafitte.com.mx. Charmantes kleines Hotel im Zentrum; ruhiger Patio, Pool. ○○
▪ **Caribe,** Calle 59/60, Tel. 9 24 90 22, www.hotelcaribe.com.mx. Kolonialhaus mit angenehmem Patio. ○○

Los Almendros, C. 50/57, Tel. 9 23 81 35. Traditionelle Küche, familiäres Ambiente; 11–23 Uhr. ○○
▪ **Amaro,** Calle 59 x 60/62, Tel. 9 28 24 51. Ausgezeichnete regionale Küche, romantischer Patio, regelmäßig Live-Musik. ○○
▪ Café-Restaurant **Express,** C. 60/59. Populär zum Frühstück; 7–23 Uhr. ○

Diskos, Kneipen, Livemusik am **Paseo de Montejo;** samstags wird die **Calle 60** zur Openair-Bühne.

Ausflüge von Mérida

15 km nördlich in Richtung Progreso zweigt eine Straße (6 km) ab nach ***Dzibilchaltún.** Die wenigen Überreste der um 1500 v. Chr. gegründeten Stadt wurden vorbildlich restauriert. Der **Templo de las Siete Muñecas** (Tempel der 7 Puppen) ist das einzige

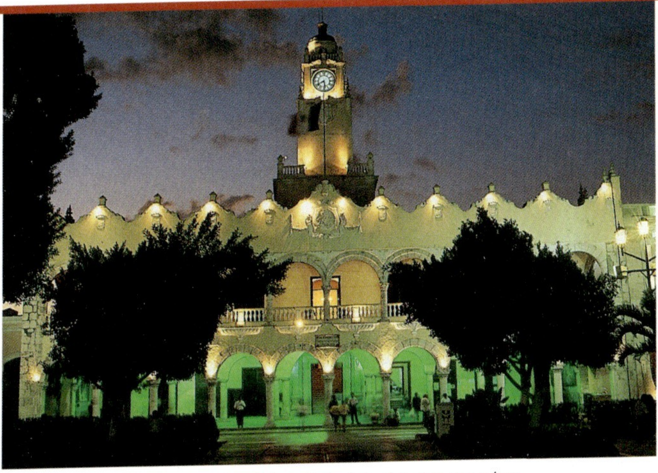

Méridas Plaza Mayor ist von herrlichen Kolonialgebäuden umgeben

bekannte Maya-Bauwerk mit Fenster. Ein Museum ist den Maya gewidmet.

Wenige Kilometer weiter liegt die Hafenstadt **Progreso** mit einem kleinen Sandstrand. Hier locken viele gute Fischrestaurants.

Westlich von Mérida ist der Nationalpark **Celestún** (58) ein lohnendes Ausflugsziel, um seltene Wasservögel, vor allem Flamingos, zu beobachten.

Rund 10 km weiter nördlich liegt an einem schönen Strand inmitten einer Kokosplantage das Hotel **Eco Paráiso Xixim** mit großzügigen Bungalows und Pool. Aussichtsturm; Tourenangebote. Tel. (988) 9 16 21 00, www.ecoparaiso.com. ○○○

Einige Sisal-Haciendas wurden zu luxuriösen Hotels (○○○):

- Am Stadtrand von Mérida: **Xcanatún,** 12 km Mérida–Progreso, Tel. 9 41 02 13, www.xcanatun.com. Unauffällige Neubauten neben alten Gemächern; Spa.
- Im alten Stil restauriert und möbliert: **Temozón** u. **Santa Rosa,** nahe Uxmal, **San José** nahe Mérida, **Uayamón** in Campeche, nahe Edzná. Buchung: www.luxurycollection.com.

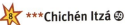

8 ***Chichén Itzá (59)

In weniger als zwei Stunden erreicht man über die Autobahn von Mérida (120 km) die bekannteste aller Maya-Städte. Sie wurde Ende des 5. Jhs. von den Itzaés gegründet, die dann ihre Wanderungen fortsetzten, im 10. Jh. zurückkehrten und Chichén Itzá zur führenden Stadt Nordyucatáns machten. Aus jener Epoche stammen die meisten der Gebäude, die seit 1923 freigelegt wurden.

Die ***Pyramide des Kukulcán,** die dem Gott »Gefiederte Schlange« geweiht war, ist ein steinernes Abbild der Maya-Kosmologie: Die vier Treppen mit 45 Grad Steigung verweisen auf die Himmelsrichtungen. Viermal 91 Stufen führen auf die Plattform (+1) mit dem Heiligtum; das entspricht den 365 Tagen im Jahr. Im Innern der darunter liegenden älteren Pyramide steht der berühmte rote Jaguarthron (tgl. 11–15, 16–17 Uhr.)

Den riesigen ***Ballspielplatz** überragt der **Jaguartempel** mit fantasievoller Fassade. Im runden **Heiligen Cenote,** von dem religiöse Anziehungskraft ausging, fand man Opfergaben,

7 Karte Seite 90

Schmuck und Skelette der wohl dem Regengott geopferten Menschen.

Der ****Tempel der Krieger** mit mächtigen Schlangenskulpturen und einer Chac-Mool-Figur ist an zwei Seiten von Säulen umgeben, die einst ein Dach trugen. Dahinter gelangt man zu jüngeren Ausgrabungen. Weiter südlich liegen der ungewöhnliche Rundbau **Observatorium** *(Caracol),* das **Haus der Nonnen** und **»die Kirche«** *(Iglesia).* **Chichén Vieja,** das alte Chichén, versteckt sich im Dschungel.

Hotel Mayaland und **Mayaland Lodge,** unmittelbar an den Ruinen, Reservierung: Tel. (998) 8 87 24 50, www.mayaland.com. Luxuriöse Bungalows im Maya-Stil in einem weitläufigen Dschungelgarten; mehrere Pools. ○○○
- **Hacienda Chichen Resort,** Tel. (985) 8 51 00 45, www.hacienda chichen.com. Zauberhaftes Haus mit Bungalows (28 Zimmer) in tropischem Garten; hier nächtigten schon die ersten Archäologen. ○○○
- **Dolores Alba,** an der Straße nach Valladolid, Tel. (985) 8 58 15 55, www.doloresalba.com. Familiär; bietet kostenlosen Transport zu den Ruinen. ○

Auf dem Weg nach Osten sollte man einen Abstecher zur Mayastätte **Ek Balam** (s. Special S. 7) einplanen (ca. 28 km von Valladolid, gut ausgebaute Straße).

Riviera Maya

Bei Cancún (s.S.93) beginnt die beliebteste Baderegion Mexikos. Traumhafte Strände, kristallklares Wasser, tropische Gärten, Lagunen und Mayaruinen bilden den Rahmen für große All-inclusive-Anlagen oder einige romantisch verborgene Bungalowhotels. Hauptort ist **Playa del Carmen** ⑳, wo abends die Quinta Avenida mit ihren Bars, Restaurants und Clubs zur Partyzone mutiert. Ruhiger geht es im benachbarten Ferienzentrum **Playacar** zu (im Umkreis viele Hotelanlagen).

Superluxuriös (○○○) und weit weg vom Trubel entlang der Riviera Maya: **Ikal del Mar** (www.ikal delmar.com), **Escencia** (www.slh.com), **Maroma** (www.maromahotel.com), **Fairmont Mayakoba** (www.fairmont.com/mayakoba), **Paradisus Riviera Cancun Royal Service** (www.lhw.com), **Paraiso de la Bonita** (www. lhw.com).

Wilma, Wind und Wellen

Im Oktober 2005 tobte Hurrikan Wilma 60 Stunden lang über der nordöstlichen Region der Halbinsel Yucatán und richtete vor allem nahe Cancún und auf den Inseln Cozumel, Mujeres und Holbox schwere Schäden an. Kaum betroffen war dagegen die Riviera Maya, die zuvor, im Juli 2005, Hurrikan Emily (mit geringeren Schäden) zu ertragen hatte.

Die Infrastruktur wurde schnell wieder hergestellt. Die meisten Hotels nutzten die Situation zur Rundum-Sanierung. Der weggespülte Strand zwischen Punta Cancún und Punta Nizuc vor Cancúns Hotelzone wurde auf einer Länge von ca. 12 km komplett wieder aufgeschüttet. Nur die Natur braucht an manchen Stellen noch etwas länger zur Regeneration.

*Campeche → ***Uxmal → ***Chichén Itzá → **Cancún Tour 7

- All-inclusive-Urlaub: am besten und günstigsten über Reiseveranstalter zu buchen.
- Im Zentrum von Playa del Carmen: in ausgefallenem Design: **Deseo** (www.hoteldeseo.com, ○○○) und **Basico** (www.basico.com, ○○○); sympathisch mit Garten: **Lab Nah** (www.labnah.com, ○).

Yaxché, Calle 8, zw. 5a y 10, Tel. 873 25 02. Yucatekische »Maya Cuisine« in schönem Ambiente. ○○

10 km weiter lockt der öko-archäologische Park von *Xcaret mit Freizeitspaß total: Schwimmen im teils unterirdischen Fluss, ein mitreißendes Showprogramm und Erholung in der Hängematte. Im Dschungelzoo tummeln sich Jaguare, Flamingos, Schildkröten und Schmetterlinge (tgl. 8.30–22 Uhr, www.xcaret.com.mx).

Das Städtchen **Puerto Aventuras** hat einen Jachthafen, **Akumal** exklusive Hotels an einer flachen Bucht. *Xel-Há, eine Lagune zwischen Korallenbänken, ist ideal zum Schnorcheln.

Die Maya-Festungsstadt **Tulum** (130 km) auf den Klippen war im Gegensatz zu anderen Maya-Orten noch bewohnt, als die Spanier kamen. Einige Gebäude sind mit Reliefs einer herabstürzenden Gottheit geschmückt.

In Tulum Badesachen nicht vergessen: Direkt bei der Anlage gibt es einen herrlichen Sandstrand.

*Cobá liegt von Tulum 42 km landeinwärts. Die weit verstreuten Bauten, von denen nur einige erstaunlich hohe Pyramiden freigelegt wurden, gruppieren sich um kleine Seen. Cobá war eine der frühesten und bedeutendsten Maya-Städte und fast 800 Jahre – bis ins 15. Jh. hinein – bewohnt.

Villas Arqueológicas Cobá, Club-Med-Anlage. Tel./Fax (984) 2 06 70 00. ○○

Das Küsten-Biosphärenreservat *Sian Ka'an ist Mexikos größtes Naturschutzgebiet in unberührter Lagunenlandschaft. Nur organisierte Touren: Centro Ecologico Sian Ka'an, Tel. (984) 8 71 24 99, www.cesiak.org. Südlich schließt sich die Costa Maya an, die gerade erst erschlossen wird.

Attraktion in der Grenzstadt **Chetumal** (ca. 210 000 Ew.; 360 km ab Cancún) ist das **Museo de la Cultura Maya**. Bademöglichkeiten bieten sich an der 8 km langen Playa Calderitas.

Holiday Inn, Av. Héroes 171, Tel. (983) 835 04 00, www.ichotelsgroup.com. Solider Komfort, zentral beim Museum. ○○

*Kohunlich, 52 km westlich von Chetumal, ist wegen der 1,5 m hohen Stuckmasken – Symbole des Sonnengottes – bekannt, die den Tempel der Masken flankieren.

Weitere sehenswerte Ruinen an der Carretera 186 nach Fco. Escarcega sind *Dzibanché, *Xpujil, **Becán, *Chicanná, *Balamkú und **Calakmul, die Maya-Großstadt im gleichnamigen Biosphärenreservat (UNESCO-Welterbe; 60 km südl. der Straße).

Chicanná-Ecovillage, Carr. 186, nahe der Maya-Ruine Chicanná, Tel. (981) 811 91 91, Fax 811 16 18. ○○

Cancún

»Das untergegangene Paradies« titelten die Medien nach Hurrikan Wilma; aber Cancún kehrt zurück und hat sich dabei gleichzeitig einer Schönheitskur unterzogen. Die Insel, die wie eine »7« aussieht (mit Brücken zum Festland), liegt zwischen der türkisfarbenen Karibik im Osten und tief grünblauen Lagunen im Westen. Hotels mit wahren Poollandschaften, beste Restaurants und modernste Shopping Malls säumen den Boulevard Kukulcán. Das Sportangebot lässt keine Wünsche offen: Golf, Tennis, Wasserski in den Lagunen **Nichupté** und **Bojórquez**, Hochseefischen und Tauchen in der Karibik. Die zugehörige Stadt (ca. 800 000 Einw.) mit vielen (preiswerten) Restaurants, Hotels und Artesanía-Markt liegt auf dem Festland.

Cancún Convention & Visitors Bureau, Blvd. Kukulcán, Km 9, Cancún Center, 1st Floor, Tel. (998) 8 81 27 45, www.cancun.info

Flughafen: 19 km vom Zentrum

Von guten Mittelklasse- bis zu Luxushotels ist alles vertreten. Preiswerte Hotels im Stadtzentrum.

Von Fastfood-Ketten über Taco-Buden und Fischrestaurants bis zu Erlebnisgastronomie und Gourmetrestaurants; teurer als sonst im Land.

Viele Bars, Cantinas, Tanz- und Musikkneipen, Restaurants und Discos konzentrieren sich rund ums Kongresszentrum. Die besten Shows haben »Coco Bongo« und »The City«. Ruhiger geht es bei der romantischen *Dinner-Cruise* zu. Folkloreshow *fiesta mexicana* in diversen Hotels.

**Isla Cozumel

Das Ferienparadies (50 km lang, 15 km breit) ca. 20 km vor der Küste mit klarem, ruhigerem Wasser auf der Festlandseite (v. a. am Palancar-Riff) ist ideal zum Tauchen und Schnorcheln. Die besten Badeplätze liegen im Südwesten der Insel. Im **Parque Chankanaab** (www.cozumelparks.com) kann man u. a. mit Delfinen schwimmen. Mit hübscher Fußgängerzone, Restaurants und Geschäften macht das Zentrum **San Miguel** Laune zum Bummeln. Sehenswert ist das Inselmuseum.

Flugverbindung: Internat. Flughafen
Fähren: Playa del Carmen (Personenfähre), Puerto Morelos (Autofähre)

Promoción Turística de Cozumel, Tel. (997) 8 72 75 85, www.islacozumel.com.mx
(hier auch Links zu den Strandhotels)

Las Palmeras: Café, Restaurant und Bar direkt am Pier. ○○

*Isla Mujeres

Die »Insel der Frauen« ist trotz des allgemeinen Booms ruhig geblieben. Gemütliche Hotels am flachen Strand, Restaurants und Geschäfte konzentrieren sich am nordwestlichen Ende. **El Garrafón** an der Südspitze ist beliebter Badeplatz und Freizeitpark (Schwimmen mit Delfinen). **Tortugranja** widmet sich der Aufzucht von Meeresschildkröten.

Fähren: Puerto Juárez (bis Mitternacht), Autofähre ab/bis Punta Sam (5 km nördl. Puerto Juárez)

Villa Rolandi, Laguna Mar, Tel. (998) 8 77 07 00, www.villarolandi.com. Zwischen Strand und Lagune. Große Zimmer mit Jacuzzi auf Terrasse oder Balkon. Italienische Küche. ○○○

Traumstrand Cancún

Karte Seite 66

Lebhafte Badeorte am Stillen Ozean

Küste der Superlative: Tausende einsamer Buchten und endlose Sandstrände an mehreren tausend Kilometern Pazifik – gesäumt von einem Bilderbuch der Landschaften, Wüste im Norden, aber auch üppige Mangrovenwälder, Lagunen, Regenwald und tropischer Trockenwald am Golf von Tehuantepec. Wer mit dem Auto auf der ausgebauten Küstenstraße unterwegs ist, wird irgendwo das ideale Fleckchen für den Traumurlaub finden, doch Vorsicht vor gefährlichen Strömungen. Die meisten Touristen steuern die Badeorte am Pazifik, die allen modernen Komfort und reichlich Abwechslung bieten, direkt mit dem Flugzeug an. Hier die populärsten Ziele von Nord nach Süd.

*Mazatlán ⑩

Die Stadt (400 000 Einw.) liegt auf einer Halbinsel, die den Hafen von der Strandzone trennt und vom 160 m hohen Leuchtturm El Faro (Aufstieg 30 Min.) überragt wird. An die 16 km lange Strandpromenade, **El Malecón,** schließt sich im Norden die **Zona Dorada,** der Strandabschnitt mit den modernen und teureren Hotels an.

Reiche Fischgründe machen Mazatlán zum Ziel amerikanischer Hochseeangler. Interessante Ausflüge führen zu den Vogelschutzgebieten der nahen Inseln und ins Hinterland.

> **Coordinacion General de Turismo de Sinaloa,** Carnaval 1317, Esq. Mariano Escobedo, Col. Centro, Tel. (669) 9 81 88 83, Fax 9 81 88 90, www.sinaloa-travel.com

Flughafen: 26 km südlich

El Cid Mega Resort, Av. Camarón Sábalo, Tel. 9 13 33 33, www.elcid.com. Riesige Ferienanlage mit acht Pools, Golf, großem Freizeitangebot, Marina. ○○○

**Puerto Vallarta ㉑

Die anheimelnde Stadt (300 000 Einw.) an der großen Bahía de Banderas vereint moderne Infrastruktur mit kolonialem Charme. Das typisch mexikanische Zentrum wird dominiert von der Kirche **Nuestra Senora de Guadalupe;** über kopfsteingepflasterte Gassen schlendert man durch Galerien mit aktueller Kunst und traditionellem Handwerk. Die Uferpromenade **Malecón** schmücken reizvolle Skulpturen. Lebhafte Cafés, Bars und Restaurants bieten Spezialitäten an, Hotels an Traumstränden verwöhnen die Gäste.

Marina Vallarta schließt sich im Norden mit Luxushotels und Einkaufszentren an. Noch weiter nördlich folgt, im Bundesstaat Nayarit (Zeitverschiebung 1 Std.), **Nuevo Vallarta** mit All-inclusive-Resorts. Einsame Buchten, die man meist nur mit dem Boot erreicht, liegen im Süden der Bahía.

Lebhafte Badeorte am Stillen Ozean

Pelikane: überall an der Küste zu Hause

Zihuatanejo ist geruhsam und dennoch international

FIDETUR, Zona Comercial, Hotel Canto del Sol, Local 18, Planta Baja, Tel. (322) 2 24 11 75, www.visitpuertovallarta.com
- Infostelle im **Palacio Municipal**

Flughafen: 7 km nördlich

Four Season Resort Punta Mita, Nayarit (42 km nördlich), Tel. (329) 291 60 00, www.fourseasons. com. Exklusive Anlage mit zwei Stränden, Golfplatz, Wellnessbereich. ○○○
- **Fiesta Americana,** Av. F. Ascensio, km 2,5, Tel. (322) 224 20 10, www. fiestaamericana.com. Exklusives Haus am Strand, Gourmetküche. ○○○
- **Molino de Agua,** Ignacio L. Vallarta 130, Tel. 2 22 19 57, www.molino deagua.com. Einfaches Haus an der Playa de los Muertos. ○

Los Xitomates, Morelos 570, Tel. 2 22 16 95. »Neue mexikanische Cuisine«, edles Ambiente. ○○
- **Trio,** Guerrero 264, Tel. 2 22 21 96. Der deutsche Chef verbindet mediterrane Küche mit lokalen Aromen. ○○

Die Küstenstraße 200 klettert südlich von Puerto Vallarta in die Berge, bevor sie die **Costa Allegre** erreicht. An der »fröhlichen Küste« verbergen sich einsame Hotels in traumhafter Lage (www.mexicoboutiquehotels.com)

Manzanillo ⑫

Die breiten Strände der nördlich gelegenen Halbinsel **Santiago** machen den Reiz von Manzanillo aus. In üppiger tropischer Natur haben sich Luxushotels wie das **Las Hadas** (Tel. 314/ 3 31 01 01; ○○○) angesiedelt.

Südlich der großen Hafenstadt locken viele Kilometer Strand auf der Nehrung der **Laguna Cuyutlán** mit ihrer exotischen Tierwelt.

Ixtapa und *Zihuatanejo ⑬

Zusammen haben die beiden (245 km nördl. von Acapulco) 80 000 Einwohner. Stadtplaner gaben dem Ferienort **Ixtapa** seine Struktur: Resorthotels an langen Sandstränden, umgeben von Palmen- und Bananenplantagen, Shoppingzentren, Nachtklubs, ein Jachthafen und zwei der schönsten Golfanlagen Mexikos zwischen Meer, Lagunen und Tropengärten.

In direkter Nachbarschaft liegt der ruhige Fischerort **Zihuatanejo** mit schönen Stränden und vielen Hotels, teils hoch über dem Meer (preiswertere Unterkünfte im Ort). Per Boot sind die **Playa las Gatas** (Tauchen, Schnorcheln) und **Isla Ixtapa** zu erreichen.

Lebhafte Badeorte am Stillen Ozean

Karte Seite 67

⭐ Genießen Sie am Strand von Zihuatanejo in einem der einfachen Lokale fangfrischen Fisch.

ℹ️ **Oficina de Convenciones y Visitantes,** Paseo de las Gaviotas 12, Ixtapa, Tel. (755) 5 53 12 70, www.visit-ixtapa-zihuatanejo.org, www.ixtapa-zihuatanejo.com

Flugverbindung: Internationaler Flughafen, 10 km von Zihuatanejo

🏠 **Ixtapa** bietet Unterkunft in Häusern der großen Hotelketten.
▪ **Villa del Sol,** Playa la Ropa, Zihuatanejo, Tel. 5 55 55 00, www.hotelvilladelsol.net. Paradiesische Bungalowanlage mit geräumigen Zimmern, am Strand. ●●●

**Acapulco

Nach wie vor *der* Klassiker unter Mexikos Badeorten: Die »Perle des Pazifiks«, 1550 als Kolonialhafen gegründet, in den 1950er Jahren für den internationalen Tourismus entdeckt, hat inzwischen die Millionengrenze überschritten. In einer gewaltigen Kraftanstrengung erhielt die Stadt, in der sich »Normaltouristen« genauso wohl fühlen wie Jetseturlauber, eine Schönheitskur: von der Verbesserung der Kanalisation und Wasserqualität über Renovierung der bestehenden Anlagen bis zu neuen, an die natürliche Umgebung angepassten Hotelprojekten. Ein Jachthafen, Golfplätze, Tennisanlagen und ein Kongresszentrum vervollständigen das Angebot.

Während sich an der 18 km langen Hauptstraße **Costera Miguel Alemán** die Hochhäuser und Nobelgeschäfte drängen, liegen die luxuriösesten Villen (privat; Hotels) an den Hängen mit fantastischem Blick auf die Bucht.

🍸 Die Diskos **Zucca, Mandara** und **Palladium** (alle Carretera Escénica) bieten neben technischen Raffinessen fantastische Ausblicke auf die Bucht. Ebenfalls sehr gefragt sind **El Alebrije, Baby'O, News** und **Salon Q** (Costera Miguel Alemán).

Strandempfehlungen
Playa Hornitos, Caleta und **Roqueta** sind bei den Anwohnern beliebt, ebenso **Puerto Marqués** etwas außerhalb Richtung Flughafen. Abwechslung vom Strandleben bieten Kreuzfahrten in der Bucht und Ausflüge ins Hinterland, z. B. zur **Laguna Tres Palos** entlang der Carretera Escénica oder per Boot zur **Laguna de Coyuca** (hinter Pie de la Cuesta), außerdem das Aquarium, der Vergnügungspark »CICI« und die archäologische Zone Palma Sola.

⭐ Mehrmals täglich stürzen sich die waghalsigen **Felsenspringer** *(clavadistas)* von einer 38 m hohen Klippe in die nur 5 m breite Felsenbucht von La Quebrada.

ℹ️ **Oficina de Convenciones y Visitantes de Acapulco,** Costera Miguel Alemán 38-A, Tel. (744) 4 84 85 55, www.visitacapulco.com.mx

Flughafen: 22 km östlich der Stadt

🏠 Große Auswahl an Hotels aller Kategorien. Exklusiv und teuer ist **Las Brisas,** Tel. 4 69 69 00, www.brisas.com.mx. Schmucke Bungalows in Hanglage, viele davon mit privatem Pool. ●●●
▪ **Acapulco Princess,** Tel. 4 69 10 00, www.fairmont.com. Moderner pyramidenförmiger Bau am Strand mit über 1000 Zimmern; tropischer Garten, 2 Golf- und 11 Tennisplätze, 5 Pools. Außerhalb, Richtung Flughafen. ●●●

Lebhafte Badeorte am Stillen Ozean

Acapulcos Felsenspringer stürzen sich aus 38 m Höhe ins Meer

Restaurants für jeden Geschmack. In Acapulco soll **ceviche** erfunden worden sein: in Limonensaft marinierte rohe Fischstückchen (oder Krabben) in einer Soße aus Chili, Limonen und fein gehacktem frischem Korianderkraut.

Südlich von Acapulco

Ein ruhiger, vor allem bei Sportlern beliebter Badeort ist **Puerto Escondido** (8000 Einw.), 429 km südlich von Acapulco, 310 km von Oaxaca entfernt. Die herrlichen Strände sind wegen der hoch anrollenden Brandung (gefährliche Unterströmungen) ein Ziel der Wellenreiter. Das Touristenzentrum (mit Hotels, Restaurants, Bars, Geschäften) liegt unterhalb des Ortes in einer Fußgängerzone.

Einsame Buchten mit sanften Wellen lassen sich per Boot ansteuern (Puerto Angelito). 65 km entfernt lockt der *Nationalpark **Laguna Chacahua** mit einer einzigartigen Vogelwelt.

Flug-/Busverbindung: Oaxaca (per Bus ca. 7–10 Std.)

Bis heute ruhig und bescheiden hält sich *Puerto Angel (90 km südl.). Junge Leute sind in dem kleinen Fischerhafen meist in der Überzahl. Freundliche, familiäre Pensionen (○) bieten Unterkunft.

*Huatulco, Mexikos jüngstes, geplant ausgebautes Badeparadies, breitet sich über mehrere traumhafte Buchten aus. Vom kleinen Hafen in **Santa Cruz Huatulco** starten Sport- und Ausflugsboote. Auch Touren in die wildromantische Natur.

Camino Real Zaashila, Blvd. B. Júarez 5, Tangolunda, Tel. (958) 5 81 04 60, www.camino-zaashila.com. Luxusanlage an einem 500 m langen Strand. ○○○
Quinta Real, Blvd. Benito Júarez 2, Tangolunda, Tel. 5 81 04 28, www.quintareal.com. Luxussuiten, eigener Strandklub. ○○○
Marina Resort, C. Tehuantepec 112, Santa Cruz, Tel. 5 87 09 63, www.hotelmarinaresort.com. Schönes Stadthotel (Suiten) mit Strandklub. ○○

Ve el Mar, direkt an der Bahía de Sta. Cruz. Feiner Fisch. ○○

Infos von A–Z

Archäologische Stätten
Öffnungszeiten: In der Regel tgl. 8 bis 17 Uhr. **Eintritt:** 24–45 Pesos, in Chichén Itzá und Uxmal 95 Pesos.

Auskunftsstellen
- **Mexikanisches Fremdenverkehrsbüro:** Taunusanlage 21, 60325 Frankfurt/M., Tel. (0 69) 25 34 13, 25 35 09, 00 800 11 11 22 66, Fax 25 37 55
- **www.visitmexico.com**
- Info in Mexiko-Stadt: **Secretaría de Turismo,** Presidente Mazaryk 172 (Ecke C. Hegel), Col. Polanco, Tel. 30 02 63 00, kostenlose Hotline: Tel. (0 18 00) 9 87 82 24
- **Stadtinformation:** Tel. 52 50 01 23, kostenlose Hotline: Tel. (0 18 00) 9 03 92 00, www.mexicocity.gob.mx. Eine Oficina de Turismo gibt es in allen touristisch interessanten Orten.

Diplomatische Vertretungen
- **Deutsche Botschaft:** C. Lord Byron 737, Col. Polanco, 11560 México, D. F., Tel. 52 83 22 00
- **Österr. Botschaft:** Sierra Tarahumara 420, Lomas de Chapultepec, 11000 México, D. F., Tel. 52 51 97 92
- **Schweizer Botschaft:** Torre Optima, Av. Paseo de las Palmas 405, Colonia Lomas de Chapultepéc, 11000 México, D. F., Tel. 55 20 30 03
- **Konsulate:** Acapulco (D, A), Cancún (D, A), Chihuahua (D), Guadalajara (D, A), Mazatlán (D), Mérida (D), Monterrey (D, A), Puebla (D), Tijuana (D, A), Veracruz (D), Villahermosa (D)

Einreise – Ausreise
Reisende aus Deutschland, Österreich und der Schweiz benötigen zur Einreise einen noch mind. 6 Monate gültigen **Reisepass** und die **Touristenkarte,** die von den mexikanischen Konsulaten, bei Buchung in Reisebüros sowie von den Fluggesellschaften ausgegeben wird.

Die Kopie muss bei der Ausreise vorgelegt werden. Gültig bis zu 90 Tage (auf Verlangen, sonst 30). Bei Verlust wird bei der Ausreise eine Gebühr von 42 US-$ fällig.

Fotografieren
Filmmaterial ist in Mexiko teuer, am besten in ausreichender Menge von zu Hause mitnehmen. Denken Sie bei Digitalkameras daran, dass das Akkuladegerät einen Flachstecker oder einen Adapter braucht. Filmen ist in Museen und Ausgrabungsstätten gegen Gebühr erlaubt, Fotografieren mit Blitzlicht verboten. Respektieren muss man die gelegentliche Abneigung der Indígenas gegen Kameras.

Geld
Devisenvorschriften bestehen nicht. **Währungseinheit:** Peso (wie der US-Dollar mit $ gekennzeichnet), unterteilt in 100 Centavos. Es gibt Münzen zu 5, 10, 20, 50 Centavos sowie zu 1, 2, 5, 10, 20, 50 Pesos, Banknoten zu 10, 20, 50, 100, 200, 500 Pesos.

Weithin akzeptiert sind **Kreditkarten** (mitunter Preisaufschlag von 7 %). Am günstigsten erhält man Bares am Geldautomaten (Bankkarte mit EC/Maestro-Zeichen). Zur Sicherheit evtl. einige Reiseschecks (Euro, US-$) mitnehmen.

Euro in bar werden in großen Städten und Badeorten sowie an internationalen Flughäfen problemlos von Banken und Wechselstuben akzeptiert, in der Provinz jedoch nicht von allen Banken.

Beim Tausch von **Reiseschecks** muss man sich immer, bei Bargeldtausch manchmal mit dem Reisepass ausweisen.

Gesundheit
Impfungen sind nicht erforderlich. Für Malariaprophylaxe o. Ä. sollte man einen Arzt konsultieren. Eine Auslandskrankenversicherung ist sinnvoll (mit Rücktransport). Vor Durchfall schützt man sich durch Verzicht auf Leitungswasser, Eiswürfel, ungeschältes Obst und rohe Salate. *Agua purificada* (gefiltertes Wasser) oder *agua mineral* (Mineralw.) sind überall erhältlich. Apotheken *(farmacias)* sind gut sortiert.

Kleidung
Bequeme, sportliche Kleidung ist für Rundreisen ideal, zu geschäftlichen Verabredungen und für bessere Restaurants kleidet man sich elegant. Nur in Badeorten darf es legerer sein. Unverzichtbar: Pullover, Regenschutz, feste Schuhe für archäolog. Anlagen, Sonnenschutzmittel und Sonnenhut.

Mehrwertsteuer (IVA)
15 % (inkl.). Hotelsteuer: 2 %. Ab dem 1. Juli 2006 ist bei Einkäufen von über 90 $/Geschäft eine Rückerstattung möglich – unter Inkaufnahme eines gewissen Verwaltungsaufwands.

Netzspannung
110/120 Volt; amerikan. Flachstecker.

Öffnungszeiten
- **Ämter:** vormittags (bis 14 Uhr)
- **Archäologische Stätten** s. S. 100
- **Klöster/Museen:** meist Di–So 9 (10) bis 17 (18) Uhr
- **Banken:** Mo–Fr 9–17, Sa 10–13 Uhr
- **Geschäfte:** Mo–Sa 10–18 (20) Uhr, Mittagspause oft ca. 13–16 Uhr
- **Post:** Mo–Fr 9–18 Uhr, Sa 9–13 Uhr

Post
Briefe und Karten dauern als Luftpost *(correo aéreo)* ca. 10 Tage nach Europa. Souvenirgeschäfte helfen beim Verschicken »schwerer« Andenken.

Sicherheit
Allgemein übliche Vorsichtsmaßnahmen sind wichtig; höher als auf dem Land ist die Kriminalitätsrate in Mexiko-Stadt. Dort nur registrierte Sitio-Taxis nutzen. Infos über die aktuelle Sicherheitslage im Land unter www.auswaertiges-amt.de

Telefonieren, Internet
Karten- und Kreditkartentelefone sind weit verbreitet. *Ladatel*-Karten (zu 30, 50, 100 Pesos) gibt es in Läden (Zeitschriften, Apotheken). Auslandsgespräche vom Hotel aus sind teuer. Bei **Ferngesprächen innerhalb Mexikos** ist die Vorwahl *(Lada)* 01 zu wählen; **Auslandsgespräche** beginnen mit 00. Triband-**Handys** funktionieren problemlos. **Internet-Cafés** gibt es fast überall; sie sind den teuren Online-Diensten vieler Hotels vorzuziehen.

Trinkgeld
Oft ist Trinkgeld die einzige Einnahmequelle des Personals. In Restaurants (Bedienungsgeld meist nicht inklusive) sind 10–15 % angemessen. Gepäckträger und Hotelpersonal bekommen umgerechnet 1 €, Taxifahrer im Allgemeinen kein Trinkgeld.

Zeit
Mexiko hat 3 Zeitzonen:
- **Hora Central,** im gesamten Hochland (MEZ −7 Std.)
- **Hora de Montaña,** in Chihuahua, Sonora, Sinaloa, Nayarit (Westküste) und Baja California Sur (MEZ −8 Std.)
- **Hora del Pacífico,** Baja California Norte (MEZ −9 Std.).

Sommerzeit: April bis Oktober

Zoll
Gegenstände des persönlichen Bedarfs dürfen zollfrei eingeführt werden. Der Import von Lebensmitteln und Pflanzen ist verboten.

Langenscheidt Mini-Dolmetscher Spanisch

Allgemeines

Guten Tag.	Buenos días. [buenos **di**as]
Hallo!	¡Hola! [**o**la]
Wie geht's?	¿Qué tal? [ke tal]
Danke, gut	Bien, gracias [bjen **gra**sjas]
Ich heiße … .	Me llamo … [me **lja**mo]
Auf Wiedersehen.	Adiós [a**djos**]
Morgen	mañana [man**ja**na]
Nachmittag	tarde [**tar**de]
Abend	tarde [**tar**de]
Nacht	noche [**not**sche]
morgen	mañana [man**ja**na]
heute	hoy [oi]
gestern	ayer [a**jer**]
Sprechen Sie Deutsch / Englisch?	¿Habla usted alemán / inglés? [**ab**la us**ted** ale**man** / in**gles**]
Wie bitte?	¿Cómo? [**ko**mo]
Ich verstehe nicht.	No he entendido. [no e enten**di**do]
Wiederholen Sie bitte.	Por favor, repítalo. [por fa**wor** re**pi**talo]
…, bitte.	…, por favor. [por fa**wor**]
Danke	Gracias [**gra**sjas]
Keine Ursache.	De nada. [de **na**da]
was / wer / welcher	qué / quién / cuál [ke / kjen / kual]
wo / wohin	dónde / adónde [**don**de / a**don**de]
wie / wie viel / wann / wie lange	cómo / cuánto / cuándo / cuánto tiempo [**ko**mo / **kuan**to / **kuan**do / **kuan**to **tjem**po]
Warum?	¿Por qué? [por ke]
Wie heißt das?	¿Cómo se llama esto? [**ko**mo se **lja**ma **es**to]
Wo ist …?	¿Dónde está …? [**don**de es**ta** …]
Können Sie mir helfen?	¿Podría usted ayudarme? [po**dri**a us**ted** aju**dar**me]
ja	sí [si]
nein	no [no]
Entschuldigen Sie.	Perdón. [per**don**]
Das macht nichts.	No pasa nada. [no **pa**sa **na**da]

Ich möchte einen Stadtplan / ein Hotelverzeichnis.	¿Tiene un plano de la ciudad / una lista de hoteles? [**tje**ne um **pla**no de la siu**dad** / **u**na **lis**ta de o**te**les]
Wann ist das Museum / die Kirche / die Ausstellung geöffnet?	¿Cuándo está abierto el museo / abierta la iglesia / la exposición? [**kuan**do es**ta** ab**jer**to el mu**se**o / ab**jer**ta la i**gles**ja / la esposi**sjon**]
geschlossen	cerrado [se**rra**do]

Shopping

Wo gibt es …?	¿Dónde hay …? [**don**de ai]
Wie viel kostet das?	¿Cuánto cuesta? [**kuan**to **kues**ta]
Das ist zu teuer.	Es demasiado caro. [es demas**ja**do **ka**ro]
Das gefällt mir (nicht).	(No) me gusta. [(no) me **gus**ta]
Gibt es das in einer anderen Farbe / Größe?	¿Tienen este modelo en otro color / otra talla? [**tje**nen **es**te mo**de**lo en **o**tro ko**lor** / **o**tra **tal**ja]
Ich nehme es.	Me lo llevo. [me lo **lje**vo]
Wo ist eine Bank?	¿Dónde hay un banco? [**don**de ai um **ban**ko]
Ich suche einen Geldautomaten.	Busco un cajero automático. [**bus**ko un ka**che**ro auto**ma**tiko]
Geben Sie mir 100 g Käse / zwei Kilo Pfirsiche.	Por favor, déme cien gramos de queso / dos kilos de duraznos. [por fa**wor de**me sjen **gra**mos de **ke**so / dos **ki**los de du**ras**nos]
Haben Sie deutsche Zeitungen?	¿Tienen periódicos alemanes? [**tje**nen per**jo**dikos ale**ma**nes]
Wo kann ich telefonieren / eine Telefonkarte kaufen?	¿Dónde puedo llamar por teléfono / comprar una tarjeta telefónica? [**don**de **pue**do lja**mar** por te**le**fono / kom**prar** una tar**che**ta telefo**ni**ka]

Sightseeing

Gibt es hier eine Touristeninformation?	¿Hay por aquí cerca una oficina de turismo? [ai por a**ki ser**ka **u**na ofi**ßi**na de tu**ris**mo]

Notfälle

Ich brauche einen Arzt / Zahnarzt.	Necesito un médico / un dentista. [nese**si**to um **me**diko / un den**tis**ta]

Rufen Sie bitte einen Krankenwagen / die Polizei.	Por favor, llame a una ambulancia / a la policía. [por fa**wor** **lja**me a **u**na ambu**lans**ja / a la poli**si**a]	Ich möchte bezahlen.	La cuenta, por favor. [la ku**en**ta por fa**wor**]
Wir hatten einen Unfall.	Hemos tenido un accidente. [**e**mos te**ni**do un agsi**den**te]	Es war sehr gut / nicht so gut.	Estaba muy bueno / no tan bueno. [es**ta**ba mui bu**e**no / no tan bu**e**no]
Wo ist das nächste Polizeirevier?	¿Dónde está el puesto de policía más cercano? [**don**de es**ta** el pu**es**to de poli**si**a mas ser**ka**no]	## Im Hotel	
Ich bin bestohlen worden.	Me han robado. [me an ro**ba**do]	Ich suche ein gutes Hotel / ein nicht zu teures Hotel.	Busco un buen hotel / un hotel económico. [**bus**ko um bu**en** o**tel** / un o**tel** ekono**mi**ko]
Mein Auto ist aufgebrochen worden.	Me han abierto el carro. [me an ab**jer**to el **ka**rro]	Ich habe ein Zimmer reserviert.	Tengo una habitación reservada. [**ten**go **u**na abita**sjon** reser**wa**da]
		Ich suche ein Zimmer für … Personen.	Busco una habitación para … personas. [**bus**ko **u**na abita**sjon** **pa**ra … per**so**nas]

Essen und Trinken

Die Speisekarte, bitte.	La carta, por favor. [la **kar**ta, por fa**wor**]	Mit Dusche und Toilette.	Con regadera y baño. [kon rega**de**ra i **ban**jo]
Brot	pan [pan]	Mit Balkon / Blick aufs Meer.	Con balcón / vista al mar. [kon bal**kon** / **bis**ta al mar]
Kaffee	café [ka**fe**]		
Tee	té [te]	Wie viel kostet das Zimmer pro Nacht?	¿Cuánto cuesta la habitación por noche? [ku**an**to ku**es**ta la abita**sjon** por **not**sche]
mit Milch / Zucker	con leche / azúcar [kon **let**sche / a**su**kar]		
Orangensaft	jugo de naranja [**chu**go de na**ran**cha]	Mit Frühstück?	¿Con desayuno? [kon desa**ju**no]
Mehr Kaffee, bitte	Más café, por favor. [mas ka**fe** por fa**wor**]	Kann ich das Zimmer sehen?	¿Puedo ver la habitación? [pu**e**do wer la abita**sjon**]
Suppe	sopa [**so**pa]		
Fisch / Meeresfrüchte	pescado / mariscos [pes**ka**do / ma**ris**kos]	Haben Sie ein anderes Zimmer?	¿Tienen otra habitación? [**tje**nen **o**tra abita**sjon**]
Fleisch / Geflügel	carne / aves [**kar**ne / **a**wes]	Es gefällt mir (nicht).	(No) me gusta. [(no) me **gus**ta]
Reis	arroz [**a**ros]		
vegetarische Gerichte	comida vegetariana [ko**mi**da vechetar**ja**na]	Kann ich mit Kreditkarte zahlen?	¿Puedo pagar con tarjeta de crédito? [pu**e**do pa**gar** kon tar**che**ta de **kre**dito]
Eier	huevos [u**e**wos]		
Salat	ensalada [ensa**la**da]	Wo kann ich parken?	¿Dónde puedo dejar el carro? [**don**de pu**e**do de**char** el **ka**rro]
Dessert	postre [**pos**tre]		
Obst	fruta [**fru**ta]		
Eis	helado [e**la**do]	Können Sie das Gepäck in mein Zimmer bringen?	¿Puede llevarme el equipaje a la habitación? [pu**e**de lje**war**me el eki**pa**che a la abita**sjon**]
Wein	vino [**bi**no]		
weiß / rot / rosé	blanco / tinto / rosado [**blan**ko / **tin**to / ro**sa**do]		
Bier	cerveza [ser**we**sa]	Haben Sie einen Platz für ein Zelt?	¿Les queda algún sitio libre para una carpa? [les **ke**da al**gun** **sit**jo **li**bre **pa**ra **u**na **kar**pa]
Aperitif	aperitivo [aperi**ti**wo]		
Wasser	agua [**a**gua]		
Mineralwasser	agua mineral [**a**gua mine**ral**]	Wir brauchen Strom / Wasser.	Necesitamos corriente / agua. [nesesi**ta**mos ko**rrjen**te / **a**gua]
mit / ohne Kohlensäure	con / sin gas [kon / sin gas]		
Limonade	refresco [re**fres**ko]	Ich reise / Wir reisen heute ab.	Parto / Partimos hoy. [**par**to / par**ti**mos oj]
Frühstück	desayuno [desa**ju**no]		
Mittagessen	comida [ko**mi**da]		
Abendessen	cena [**se**na]		
eine Kleinigkeit	algo para picar [**al**go **pa**ra pi**car**]		

Register

Orts- und Sachregister

Acanceh 89
Acapulco 30, 98
Agua Azul 86
Agua Clara 86
Aguascalientes 31, 59, 68
Akumal 93
Amecameca 55
Angangueo 63
Arrazola 80

Bahía de los Angeles 73
Bahía Magdalena 72
Bahuichivo 69
Baja California 13, 70ff.
Ballet Folklórico 29, 39
Bandas 29
Barranca del Cobre 34, 69
Batopilas 69
Basaséachic, Nationalpark 69
Becán 93
Bonampak 43, 77, 87

Cabo San Lucas 70f.
Cacahuamilpa, Grutas de 56
Cacaxtla 7, 10, 24, 51
Calakmul 7, 21, 87, 93
Calaveras 17
Campeche 87
Cancún 31, 93
Cantona 7, 10, 75
Catamaco-See 77
Celestún 14, 92
Cenotes 88
Cerocahui 69
Cervantino, Festival 31, 62
Chacahua, Laguna 99
Chalma 58
Chapala-See 68
Charreada 65
Chetumal 93
Chiapa de Corzo 83
Chiapas 13, 29, 77
Chicanná 93
Chichén Itzá 11, 30, 91
Chihuahua 69
Cholula 10, 24, 53
Churrigueresker Barock 25
Cobá 93
Cocoyoc 56
Creel 69
Cuernavaca 56
Cuicuilco s. Mexiko-Stadt
Cuilapan 82
Cuyutlán, Laguna 97

Dainzú 82
Día de los Muertos 17, 31

Divisadero Barrancas 70
Dolores Hidalgo 61
Dzibanché 93
Dzibilchaltún 11, 88, 90, 92
Dzitnup 88

Edzná 11, 88
Ek Balam 7
El Tajín 24, 76
El Vizcaíno, Reserva de la Biósfera 14, 72
Ensenada 74

Feste 16, 30f.
Fest der Toten s. Día de los Muertos

Golfo de California s. Mar de Cortés Guadalajara 65
Guanajuato 31, 59, 61
Guelaguetza 31, 78
Guerrero Negro 73

Huatulco 99

Inquisition 20
Isla Cozumel 94
Isla Mujeres 94
Ixtapa 97
Iztaccíhuatl 13, 51, 55

Jalapa 75
Jarabe Tapatío 65

Kabah 89
Kahlua 33
Kakteen 13
Karneval 30, 75, 85, 95
Kohunlich 93
Krieg der Kasten 20, 92

La Paz 71
La-Venta-Kultur 21
Labná 89
Lakandonen 86
Loltún 90
Loreto 72
Los Mochis 70

Malinalco 11, 58
Manzanillo 97
Mar de Cortés 14, 71
Mariachis 29
Marimba 29
Mayapán 89
Mazatlán 96
Mérida 89
Metepec 58
Mexiko-Stadt 30, 36 ff.
▪ Alameda-Park 38
▪ Basílica de Nuestra Señora de Guadalupe 16, 31, 46
▪ Bazar Sábado 45
▪ Casa de los Azulejos 38
▪ Chapultepec 40, 43
▪ Ciudad Universitaria 45
▪ Coyoacán 44
▪ Cuicuilco 23, 45
▪ Kathedrale 36
▪ Museo Nacional de Antropología 42f.
▪ Paseo de la Reforma 40
▪ San Angel 45
▪ Templo Mayor 38
▪ Tlatelolco 221
▪ Torre Latinoamericana 38
▪ UNAM (Universität) 17, 45
▪ Xochimilco 46
▪ Zócalo 36
▪ Zona Rosa 44
Michoacán 15, 63f.
Mil Cumbres 65
Misol-Ha 86
Mitla 82
Mizquic 17
Monarchfalter 11, 63
Monte Albán 9, 23, 80
Montebello, Lagunas de 85
Morelia 9, 63
Mulegé 72
Mundo Maya 22
Muralismo 28, 39

NAFTA 19, 21
Nationalparks 14

Oaxaca 9, 29, 31, 42, 78
Oaxaca, Bergland von 13
Ocosingo 86
Ocotlán (Tlax.) 52
Ojo de Liebre 73

Palenque 6, 22, 86
Papantla 31, 76
Pátzcuaro 9, 17, 64
Parteien 18f.
PEMEX 19
Pico de Orizaba 13, 75
Pichilingüe 72
Plateresker Stil 25
Playacar 92
Playa del Carmen 92 f.
Popocatépetl 13, 51, 55
Posadas 31
Progreso 92
Puebla 9, 10, 31, 52
Puerto Angel 99
Puerto Aventuras 93
Puerto Escondido 72, 99
Puerto Vallarta 31, 96

Querétaro 20, 59
Quiroga 9

Río Lagartos 14
Ruta del Cortés 10
Ruta de la Independencia 59

San Andrés Tuxtla 77
San Bartolo Coyotepec 80
San Cristóbal de las Casas 83
San Francisco Acatepec 53
San Francisco Borja 73
San Ignacio 72
San José del Cabo 70f.
San Juan Chamula 30, 85
San Luis Potosí 31, 59, 68
San Miguel de Allende 59, 60
Santa María Atzompa 80
Santa Rosalía 72
Santiago Tuxtla 77
Santuario de la Mariposa Monarca 63
Sayil 89
Sierra de la Giganta 72
Sierra Madre Occidental 12
Sierra Madre Oriental 12
Sierra Tarahumara 70
Sierra Volcánica Transversal 13
Sian Ka'an 14, 93
Sumidero-Schlucht 83

Tabasco 13
Taxco 31, 57
Tehuantepec 83
Tenochtitlan 11, 20, 24, 36, 37
Teotihuacan 23, 42, 49f.
Teotitlán del Valle 9, 80, 82
Tepotzotlán 49
Tepoztlán 55f.
Tequila 33, 65
Tequila (Ort) 65
Tijuana 74
Tlacochahuaya 82
Tlacolula 9, 82
Tlacotalpan 76
Tlatilco 23
Tlalmanalco 55
Tlapacoya 23
Tlaquepaque 31, 66
Tlaxcala 10, 31, 52
Toluca 58
Tonalá 66
Toniná 86
Tonantzintla 53
Trachten 16
Tula 24, 49
Tule 82
Tulum 93
Tuxtla Gutiérrez 83
Tzintzúntzan 9, 64

Uxmal 88

Valladolid 7, 88
Veracruz 10, 29, 30, 75
Villahermosa 77
Voladores 31, 43, 76

Walbeobachtung 72ff.

Xcaret 93
Xel-Há 93
Xlapak 89
Xochicalco 11, 24, 57
Xochitécatl 51
Xpujil 93

Yagúl 82
Yaxchilán 87
Yucatán 21, 87ff.

Zaachila 81
Zacatecas 59, 68
Zapopan 66
Zempoala 10, 76
Zihuatanejo 97
Zinacantán 85

Personenregister

Alcalá, Macedonio 26
Azteken 24, 37, 81

Cárdenas, Cuauhtémoc 18, 21
Cárdenas, López 20
Carranza, Venustiano 20
Castellanos, Rosario 30, 85
Chávez, Carlos 28
Coronel, Pedro 68
Coronel, Rafael 68
Cortés, Hernán 20, 56
Coyolxauhqui 37
Cristeros 20
Cruz, Sor Juana Inés de la Cruz 25, 55

Díaz, Porfirio 20, 26
Downs, Lila 29

Esquivel, Laura 31

Fox, Vicente 18, 21
Fuentes, Carlos 30

Galindo, Blas 28
Goeritz, Mathías 26
Goitía, Francisco 68

Hidalgo, Miguel 61
Huaxteken 42, 75
Huitzilopochtli 37
Huicholes 66

Indianer 15f., 43
Indígenas 15f., 18, 43
Iturbide, Agustín 20

Juárez, Benito 20, 78

Kahlo, Frida 26, 44

Labastida, Francisco 18
Landa, Diego de 25

Mastrettas, Angeles 30
Maximilian von Habsburg, Kaiser 20
Maya 15, 22, 23, 42, 77, 91f.
Mendoza, Antonio 20
Mennoniten 69
Mestizen 18
Mexica 24, 37, 42
Mixteken 42, 78, 81
Moncayo Pablo 28
Morelos, José María 63

Nahua 15
Napoleon III. 20

Obregón, Alvaro 20
Olmeken 23, 75, 81
Orozco, José Clemente 28, 39

Paz, Octavio 30
Ponce, Manuel M. 28
Poniatowska, Elena 30
Portillo, José Lopez 21
Posada, José Guadalupe 17
Purépecha 15, 64

Revueltas, Silvestre 28
Rivera, Diego 28, 39, 44, 56, 62
Rosas, Juventino 26
Rulfo, Juan 30

Sahagún, Fray Bernardino de 25
Salinas de Gortari, Carlos 20
Siqueiros, David Alfaro 28, 39

Tamayo, Rufino 26, 43, 78
Tarahumara 16, 69, 70
Toledo, Francisco 26
Tolteken 24, 42, 49, 56
Totonaken 15, 75, 76
Traven, B. 85

Vargas, Chavela 29
Velascos, José María 26
Villa, (Francisco) Pancho 20, 70
Villoro, Juan 30

Zapata, Emiliano 10, 20
Zapatistas 15, 21, 85
Zapoteken 15, 82

POLYGLOTT on tour

Der kompakte Reiseführer für rund 150 Reiseziele

Ägypten
Algarve
Allgäu/
 Bayrisch Schwaben
Amsterdam
Andalusien
Apulien/Kalabrien
Argentinien
Athen
Australien
Azoren

Bali
Baltikum
Barcelona
Belgien
Berlin
Birma
Bodensee
Brasilien
Budapest
Bulgarische
 Schwarzmeerküste

Chile
China
Costa del Sol
Côte d'Azur

Dänemark
Dominikanische Republik
Dresden
Dubai
Düsseldorf/Ruhrgebiet

Eifel
Elsass/Lothringen
England

Finnland
Florenz
Florida
Franken
Fuerteventura

Gardasee
Golf von Neapel
Gran Canaria
Griechenland

Hamburg
Harz
Hongkong/Macau

Indien
Irland
Island
Istanbul
Italien

Japan
Jordanien

Kalifornien
Kanada - Der Osten
Kanada - Der Westen
Kanarische Inseln
Karibische Inseln
Kärnten
Köln
Korfu
Korsika
Kreta
Kroatien
Kuba

Lago Maggiore
Lanzarote
Ligurien/
 Italienische Riviera
Lissabon
Lombardei/Piemont
London

Madeira
Madrid
Mailand
Malaysia
Malediven
Mallorca
Malta
Marokko
Mauritius/Reunion
Mecklenburg-Vorpommern
Mexico
Mosel
Moskau
München

Namibia
Neuseeland
New York
Niederbayern/Oberpfalz
Niederlande
Nordseeküste und Inseln
Nordspanien/Jakobsweg
Norwegen

Oberitalien
Oman/Vereinigte Emirate
Österreich

Paris
Peking
Peru
Polen
Polnische
 Ostseeküste/Danzig

Portugal
Potsdam
Prag
Provence

Rhodos
Rom
Rügen

Sachsen
Salzburg
Sankt Petersburg
Sardinien
Schottland
Schwarzwald
Schweden
Schweiz
Seychellen
Singapur
Sizilien
Slowenien
Spanien
Sri Lanka
Steiermark
Straßburg
Stuttgart/
 Schwäbische Alb
Südafrika
Südengland
Südfrankreich
Südschweden
Südtirol

Taiwan
Teneriffa
Thailand
Thailand - Der Süden/
 Phuket
Thüringen
Toskana
Tschechien
Tunesien
Türkei
Türkische
 Mittelmeerküste

Ungarn
USA - Der Osten
USA - Der Westen

Venedig
Venetien/Friaul
Vietnam

Wien

Yucatán

Zypern

Bitte achten Sie auch auf unsere Neuerscheinungen:

Infos & mehr
www.polyglott.de

Urlaubskasse

Tasse Kaffee	0,70–1,00 €
Softdrink	0,35 (Kiosk)– 2,00 €
Glas Bier	1,00 – 4,00 €
Tacos	2,00 €
Kugel Eis	1,00 – 4,00 €
Taxifahrt (pro Km)	0,40 – 2,00 €
Mietwagen/Tag (VW Käfer)	ab 20 €
1 l Normalbenzin (Magna sin)	0,58 €

www.polyglott.de

**Polyglott im Internet: www.polyglott.de,
im travelchannel unter www.travelchannel.de**

Alle Informationen stammen aus zuverlässigen Quellen und wurden sorgfältig geprüft. Für ihre Vollständigkeit und Richtigkeit können wir jedoch keine Haftung übernehmen.
Ergänzende Anregungen bitten wir zu richten an:
Polyglott Verlag, Redaktion, Postfach 40 11 20, 80711 München.
E-Mail: redaktion@polyglott.de

Impressum

Herausgeber: Polyglott-Redaktion
Autorin: Ortrun Egelkraut
Lektorat: Gertraud M. Trox
Layout: Ute Weber, Geretsried
Titelkonzept-Design: Studio Schübel Werbeagentur GmbH, München
Satz Special: Carmen Marchwinski, München
Karten und Pläne: Polyglott-Kartografie
Satz: Tim Schulz, Dagebüll

Komplett aktualisierte Auflage 2007/2008
© 2005 by Polyglott Verlag GmbH, München
Printed in Germany
Dieses Buch wurde auf chlorfrei gebleichtem Papier gedruckt.
ISBN-13: 978-3-493-56773-1
ISBN-10: 3-493-56773-1

Infos zu Städten und Touren

***Mexiko-Stadt
Dauer: ca. drei Tage
Highlights: **Zócalo mit Kathedrale, Palacio Nacional und Templo Mayor, **Palacio de Bellas Artes, **Bosque de Chapultepec, ***Museo Nac. de Antropología, **N. S. de Guadalupe

Tour 1
**Tula → *Tepotzlán → ***Teotihuacan → **Cacaxtla → *Tlaxcala → **Puebla → Vulkane → *Tepoztlán → **Cuernavaca → **Taxco → Toluca
Länge: 100–450 km
Dauer: 1–8 Tage
Highlights: Steinatlanten in **Tula, Museo del Virreinato in *Tepotzlán, Ruinenstadt ***Teotihuacan, archäologische Zone von **Cacaxtla, Barockarchitektur in *Tlaxcala, spanisch geprägte Altstadt von **Puebla, Wandern und Reiten zu Füßen der Vulkane, Museum für vorspanische Kunst in *Tepoztlán, Zócalo von *Cuernavaca, Kolonialarchitektur in **Taxco

Tour 2
**Querétaro → **San Miguel de Allende → **Guanajuato → **Morelia → *Pátzcuaro-See → *Guadalajara → Aguascalientes → *Zacatecas → *San Luis Potosí
Länge: 1055 km
Dauer: ca. 1 Woche
Highlights: Koloniales Flair in **Querétaro und **San Miguel de Allende, Kulturleben in der alten Bergwerksstadt **Guanajuato, taraskisches und spanisches Erbe in **Morelia, indianischer Alltag am *Pátzcuaro-See, Markttreiben und Mariachis in *Guadalajara, Thermalquellen bei Aguascalientes, barocke Altstadt von *Zacatecas und *San Luis Potosí